岩波現代文庫

社会 100

石毛直道

食卓の文化誌

岩波書店

目　次

口まで運ぶ道具

ナイフ、フォーク、スプーンの歴史

ナイフ、フォーク、スプーン、ハシは、食物を食器からとりあげて、口のなかまで運ぶ道具である。それは台所から食卓まで食物をいれてくる皿、椀などのいわば料理運搬具とくらべると、もっと短距離用で、食卓から口までせいぜい三〇〜四〇センチの距離を移動させる用途のものである。

ホテルの結婚披露宴に招待される。テーブル・クロスのうえにセットされた数多くの銀のナイフ、フォーク、スプーン。ナイフだけをとってみても、肉用、魚用、バター用、デザート用とものものしくならべられている。その光景におじけづいたり、ナイフやフォークの使いかたに気をとられて、洋食の宴会はかなわないという人もいる。

欧米でも、やはりあんなにたくさんの食物運搬具を使いわけて食事をしているのかというと、決してそうではない。ふだんは、ナイフ、フォーク、スプーンが各一本ずつで、それですべての料理の皿をかたづけていくのがふつうだ。日本の結婚披露宴のようにいろんな食物運搬具がならべられるのは、あちらでもやはり正式の宴会のときだけなのである。

幕末に修好通商条約の批准をとりかわすために渡った日本の使節団の一行は、アメリカ人は熊手とサジと包丁を用いて食事をする、といって驚いている。

ヨーロッパ人がナイフ、フォーク、スプーンをセットとして食事に使用するようになったのは、比較的新しい時代になってからのことである。だが、それらの一つ一つについては、かなり古くから使用されている。

ナイフは古代から使われていた。といっても、中世までは食卓に一本置いて、主人や大宴会では専門の肉切役がそれで肉を切って、家族や客人たちに分配するのに使われていた。つまり個人用の食物運搬具ではなく、大きな食物を切りわけるための用途だったわけで、現在ニューギニア高地人が、竹のナイフでブタの丸焼きを切りわけて、食事に連なる人々に分配するのに似ている。

古代エジプトから、木製や象牙製のスプーンが発見されている。しかし、それが食事用に使用されたものか、どうかははっきりしない。化粧用や料理用の道具として使用されたものかもしれない。中世まで、スープはスプーンを使用して飲むものではなく、パンを浸して食べるものであった。スープそのものが、ロシアのボルシチ、イタリアのミネストローネのように肉や野菜をごった煮にした、中身が多く汁が少ないものであり、飲むというよりは食べるものであった。ヨーロッパの言語では、スープを飲むとはいわず、スープを食べるという。今日のポタージュやコンソメのように汁気の多いスープが一般的になったのは、十九世紀になってからのことである。

十一世紀にイタリアのヴェネチアで、手づかみで食物を食べずに、二股《ふたまた》の道具で食事をしたことが伝えられている。また一五三三年にイタリアのメジチ家のお姫さまが、フランスのアンリ二世と結婚したときに、嫁入道具のなかにフォークがはいっていたのが、フランスの宮廷にフォークが伝えられたはじめであるという。ヨーロッパでナイフ、フォーク、スプーンの三種の食物運搬具がワンセットとして使用されるようになったのは、十八世紀以後のことである。それでも、庶民の食卓にフォークがならべられるまでには長い時間がかかった。

イタリア中部の一山村の調査をした友人の谷泰《ゆたか》さん(京大教授)の報告によると、その村では四十年前まで食卓ではスプーンしか使用しなかったそうだ。村の年寄りのひとりは、若い頃放牧の仕事に雇われてローマ近郊へ出かけ、そこで初めてフォークというものを見た、と谷さんに語ったという。

ヨーロッパとは無関係に、食事用のフォークが発明された場所がある。フィジーは現在では南太平洋航空路の要所にあたり、大きな国際空港がある。しかし、十九世紀初頭には食人《しょくじん》の島として有名な場所であった。ふつう食人は人間の肉を食料とみなして消費するのではなく、呪術《じゅじゅつ》的な意味から食べたりする。

ところが、フィジーでは白人との接触による急激な社会変動が起こり、その結果、内戦が始まり、従来の棍棒による戦闘に代わって、白人から得た鉄砲による多量の人肉資源が得られるようになった。そして、人肉嗜好が流行し、食べるために人間を殺すようになった。一八四〇年に死んだある大酋長は、人間を一人食べるたびに、石ころを一つ置いて、心覚えにしておいたところ、一生のあいだに八七二個におよんだそうである。

さて、フィジー島民は現在でもタロイモ、ヤムイモ、ブタ肉などは手づかみで食べる。しかし、人間を食べるときだけは、三股《みつまた》あるいは四股《よつまた》のフォークを使用した。フォークの材料には、堅い木あるいは人間の骨がえらばれる。人肉を手づかみで食べると皮膚病にかかると信じられていたからである。フィジーの首都であるスバ市の博物館には、鋭い先端をした食人用のフォークが飾られている。

ハシも昔は一本だった?

ハシを日常の食事に使用するのは、アジアの漢字文明圏の国々である中国、朝鮮半島、日本、ベトナムである。殷代の遺跡からすでに青銅製のハシが出土しているという報告もある。ハシだけではなく青銅製の食卓用スプーンも殷代にすでにあらわれている。もっとも、これらは日常の食事の道具ではなく、祖先の霊や神に食物をささげるための道具――礼器――である。殷代の青銅器にはさまざまな食器や炊事道具があらわれるが、これらの多くは日用品ではなく儀礼のときにだけ使う道具であった。ハシが中国で日用品化するのは春秋末期か戦国時代になってからのことである。

日本では『魏志倭人伝』に、「倭人は手食する」と書いてあるので、その記事を信用すれば弥生時代にはハシを使う習慣は一般的ではなかった、ということになる。木製のハシは、土のなかに埋まったら、腐って残らないことが多いので、よい保存状態のものが見つかるまで、考古学的には日本におけるハシの起源については、はっきりしたことはいえない。

『古事記』に、スサノオノミコトが河の上流からハシが流れてくることにより、人家のあることを知りヤマタノオロチを退治した話があったり、神功皇后渡海のさいにハシを海上にうかべる話がでてくるし、『日本書紀』には箸墓とよばれる古墳にまつわる伝説が記録されていることから、奈良時代以前、たぶん飛鳥時代には、すでにハシが使用されていたことがわかる。

宮中の儀式である大嘗会《だいじょうえ》に用いるハシは、一本の棒を中央で曲げてつくったピンセットのようなものであることから、古代には二本棒ではなく一木製のハシも使用されたことが考えられる。そこで、ハシの語源を橋と同じく、一カ所から別の場所にわたすものとするほかに、鳥のクチバシの嘴《はし》であるという説がある。もっとも宮中や神社で使われるハシは儀礼用のものであり、神がそのハシを使用して食べる道具か、それとも神にささげる食物を人がとりわけるための菜バシ的な性格のものかはっきりしない。儀礼用という特殊用途のハシがピンセット状だからといって、古代の日本人の日常生活に同じ形状のハシが用いられたとは断言できないのだ。また、ピンセット状の金属製のハシは鉗《かん》とよばれ古代中国の礼器として用いられていたので、これも日本独自のものとはいいきれない。

奈良時代になると、正倉院御物に銀製で金メッキをした長さ約二六センチのハシがあらわれる。正倉院御物では食卓用のスプーンもあらわれる。当時の上流階級の食卓は中国式であり、ハシとスプーンをセットにして使用したものである。しかし、庶民の食卓では、スプーンを使用するのは一般的ではなかった、と考えられるふしもある。庶民のハシは竹や木製のものであり、奈良時代前後のものとされるいくつかの遺跡から発見されている。その後貴族のあいだでも、食卓にスプーンを使う習慣は忘れ去られ、近代になってナベ物料理の普及とともに散蓮華《ちりれんげ》が多く用いられるようになるまで、日本人の食卓はハシ一本やりであった。

手づかみにもマナーが

さて、東アジアと近代ヨーロッパ以外の国々では、食物運搬具にはなにを使用していたのか？　それは、手の指なのである。現在でも、インド、東南アジア、オセアニア、アフリカなどの多くの人々が手づかみの食事をしている。手づかみの食事といっても、ばかにしてはならない。それはそれで、ちゃんとしたマナーがあるのだ。

たとえば、わたしの経験した東アフリカのバンツー系黒人の社会では、食事の前後にボールに入れた水で手を洗うのがエチケットである。また、北アフリカのイスラム教徒の食事のさいには、金持ちの家では専用の水さし、庶民の家では水を入れたヤカンが供され、食事の前後には手を洗い、口をすすぐのである。イスラム圏では、左手は不浄な手であるので食物をいじってはならない。食卓で左手を使ってもよいのは、パンをちぎるときぐらいである。それでは、右手だけを使用して大きな肉塊から骨をはずして食べるときなどはどうするのか？　敬虔なイスラム教徒は隣席の人の右手を借りて、引っぱりあいをして骨をはずしたりするのである。

朝鮮半島では漢人の植民地である楽浪の遺跡から発掘された遺物のなかに、ハシとスプーンのセットがみられる。その後、朝鮮半島の人々がつくりあげた百済や新羅の文化からも、ハシやスプーンが発見される。金属製のハシとおなじく、金属製の柄のながいスプーンで現在の朝鮮料理屋でお目にかかるものとたいしてかわらない代物が、二千年このかた使用されてきたのである。

＊

韓国へ行ったときに教わった食事作法によると、汁ばかりではなく、飯もスプーンですくって食べるのが正式である。いったん、スプーンを手にしたらば食事が終るまで膳に置くことをしない。ハシを使うときには、スプーンは飯椀か、汁椀に立てかけておく。ハシの用途はおかずをつまむことにある。ハシを休めるときには、膳の上に横たえておいてよい。朝鮮半島では食器を手で持ちあげることをしないので、汁椀を口につける日本流の食べかたは不作法とされる。すべての食物をハシとスプーンで食器から口まで運搬する。その移動距離を短くするため、朝鮮半島の膳は日本の膳よりも脚がながい。

現在の中国の食事では、スプーンで飯を食べるのは炒飯を食べるときぐらいのもので、もっぱら汁をすくうためにスプーンがもちいられ、食物を口に運ぶ道具としてはハシが主役となっている。ところが、故青木正児博士の考証によると、宋、元代まではスプーンを使って飯を食べており、ハシは汁のなかの具をつまんだりするための道具であった（青木正児「用匙喫飯考」『華国風味』弘文堂、一九四九年）。その証拠の一つに青木博士は、

飯渋匙難滑　飯はねばって匙に着き
羹稀箸易寛　汁の実まばらで箸にかからぬ

という唐詩を引用している。

朝鮮半島北部や華北ではキビ、アワ、コウリャンなどの雑穀が主食に用いられることも多く、これらの穀物の飯はポロポロしてハシにも棒にもかからない。そこで、スプーンで飯をすくったのである。また、華北では米の飯を炊くときでも、さっと湯煮してから、ねばり気のある汁をすててしまい、つぎにこれをセイロで蒸して飯にする。もともと、ねばり気のない米が好まれるうえに、それをなるべくねばらぬようにさらっと炊くのである。そこで、さきほどの詩の匙につくような飯は安物の飯を形容したものである。

中国南部のねばり気のある米を食べる地方で飯をハシで食べる風習がはじまり、南人が勢力を持った明代から華北でも飯をハシで食べるようになった、というのが青木説である。

この青木説をうけついで日本の事情を考えると、弥生時代以来、日本ではねばり気の多いジャポニカ種の稲が栽培されていたので、ハシでつまむことができる飯だから、特別に

スプーンを使って飯をすくう必要がなかったのかもしれない。近頃の考古学的発掘の成果によると、弥生時代から米と水を直接土器に入れて炊いた痕跡がいくつも発見されており、米を蒸して食べる強飯《こわいい》から、現在のような姫飯《ひめいい》の炊きかたに変化したとは、かならずしもいえないらしい。姫飯相手では、スプーンを飯のなかにつっこんだらベトベトついてしまう。

そんなことで、スプーンで飯を食べる必要は日本ではなかったと考えられるのだが……。古代の貴族の食卓におけるハシとスプーンのセットの使いわけに関してはよくわからない。『倭名類聚抄《わみょうるいじゅうしょう》』の匙の説明に「所以取飯」とあるが、これは中国での使いかたを記したものか、当時の貴族があちらかぶれでほんとうに飯をスプーンですくうことがあったのやら判じかねる。いずれにしろ庶民はスプーンで飯を食うことはなかったと考えたほうがよさそうだ。椀に直接口をつけて汁を吸うことさえ作法としてみとめられるのなら、日本人の食事にとりたてて、スプーンを使う必要はなく、大陸かぶれの貴族の食卓に一時あらわれただけで姿を消してしまった。

中国、朝鮮、日本のほかにハシを常用する場所はベトナムである。中国との歴史的関係が深く、漢字を借りてきてつくった文字までつくりあげたベトナム人たちが、東南アジアでハシを常用する唯一の民族となっている。

漢民族と境を接していながら、モンゴル人のあいだではハシを常用している、とはいいがたい。モンゴル人はハシはあまり使わないけれど持ってはいる。ナイフとハシを収めた木製のサヤを腰帯からぶらさげているのだが、ふだんの食事に使うのはナイフだけである。ナイフで肉を切り、口までナイフで肉片を運んでゆく。乳製品と肉、ミルク入りの茶がモンゴル人の主な食物である。乳製品や肉はかたまりをそのまま食卓へ出して、ちぎったり切りわけて食べるのであり、あらかじめハシで食べられるように細かくきざまれていない。モンゴル人がハシを使うのは、肉入りのウドンを食べるときだけであるという。

チベット人は手づかみで食事をするのがふつうである。第二次大戦前のチベット旅行記を読むと、上流のチベット人たちは中華料理を御馳走として食べることがあり、このときだけハシを使うという。

ベトナム以外の東南アジア諸国では手づかみの食事がふつうであるが、汁気のある麺を食べるときだけハシを使う。麺類は外食することが多いので、ハシは家庭外での食事の道具である。米の大生産地であるタイでは、ふつう麺といえば米でつくったものである。中国から麺類の料理が伝わってきて、それを米でつくるようになった。そして麺を食べる専用の道具としてハシが使われるようになったのだ。タイ文化にくわしい田辺繁治博士(国立民族学博物館助教授)の話では、タイ人が麺類を食べるようになったのは、ここ二百年ほどのことであるそうだ。

タイをふくめた東南アジア諸国で、現在は町の食堂ではスープ麺以外の料理もいちおう手づかみでなくとも食事ができるようになっている。テーブルにつくと、スプーンとフォークが運ばれてくるのがふつうである。ナイフはでてこない。右手にスプーン、左手にフォークをもつのがふつうだ。皿に盛った食物をフォークで寄せて、右手のスプーンに入れて口まで運ぶ。もっとも、そんなめんどうなことをせず手を使っている人もよく見かけるが……。スプーンとフォークというセットは、東南アジアの外食のスタイルとしていま確立しつつある。

食　卓

固定した船のテーブル

足のおそい貨物船に乗って、南太平洋へ三十日ほどの船旅をしたことがある。はじめの二、三日の間こそ、一日中海をながめてあきなかったが、島影を見ずに、一週間もすぎると、生活の単調さに退屈してくる。

風景で単調さをやぶるものは、日の出と日没だ。朝寝坊のわたしには、日の出は関係ない。南太平洋へ沈む太陽。それは見あきることのないながめであった。しかし、残念なことに、一日に一度しかおこらない。日没以外に生活の単調さを破り、生活のリズムをつくるのは、食卓につくときであった。

船の食堂のテーブルは、脚を床につくりつけたものだった。船がゆれたとき、テーブルがすべり出さないように配慮してあるのだ。テーブルの四方には縁がつけてある。船がゆれたとき、食器類がテーブルからすべり落ちることを防止するためのしかけである。巨大なお盆に脚をつけたようなテーブルであった。

台風のまっただ中へ船がつっこんでしまい、通路を歩くことも困難なほどゆれているときに、青い顔をしながらテーブルについた。皿をならべるまえに、ボーイがバケツの水をいきなりテーブル・クロスのうえにぶちまけた。テーブル・クロスをぬらしておいたら、摩擦係数が高くなり、船がかたむいても、食器がすべり出さないという、船乗りの知恵であった。

さて、やせがまんをしながら大時化《おおしけ》のなかで食事をしている最中に、突然大きな横ゆれがきた。すると、わたしはイスごとすべり出して、食堂の壁にはげしくたたきつけられた。イスはテーブルのようにつくりつけではないからである。

あたりまえのことであるが、イスにすわって生活をし、高いベッドのうえに寝る習慣をもつ場所での食卓は、テーブルとなっている。今日の世界でいえば、ナイフとフォークを使用する食事はどこでもテーブルについておこなわれる。ニューギニアのポートモレスビーでも、アフリカのナイロビでも、ホテルという西欧風の宿屋での食事はテーブルについてとることとなっている。それはヨーロッパ風の料理と食器、食卓、それにテーブル・マナーが一つのセットとして世界の各地へ伝播したことを物語っている。

イス、テーブルの食事をするもう一方の食事文明は中国である。日本文化は古代から中国文明の影響をうけてきたにもかかわらず、イス、テーブルの生活様式は、つい最近まで日本人の生活様式にはとり入れられなかったのである。奈良時代や平安時代の宮中での宴会では、中国風にイス、テーブルで食事をすることもあったが、それは庶民の世界にまではいりこむことがなかったのである。

世界のどこでも、料理屋における西洋料理や中華料理はイス、テーブルで食べることにきまっているのに、日本だけはお座敷洋食とか、お座敷中華料理のような食べかたを発明したのである。

もともと、西洋料理、中華料理は食卓の真ん中に、大皿や鉢に盛った食物を置き、食卓について各人は自分用の取り皿のたぐい――個人別の食器に食物を取りわけて食べる習慣であった。

一方、世界の各地に原則として個人別の食器を持たずに食べるテーブル・マナーの文化がある。一つの大きな容器に盛った食物に直接手をのばして、そのまま口へ運ぶのである。テーブルで食物を個人別に取りわけることをしないのである。この食べ方をする場所では、手づかみで食物を口へもっていくのがふつうである。

たとえば、伝統的なアラブ人の食事には、食卓というものがない。ジュウタンの上に食物を盛った鉢を置き、人々は右足を立て、左足を折った立て膝をして鉢のまわりをかこみ、右手をのばして食物を手づかみにして口へ運ぶのである。

お膳は日本の伝統的様式

日本の伝統的な食卓――お膳は世界でも特殊なものである。現在でこそ、家族一同が一つの食卓をかこんで食事をすることが一般になったが、それはここ数十年間の流行であり、それまでは一人が一つのお膳を使う銘々膳《めいめいぜん》であったのだ。その名ごりで家族が共同で使用する食卓であるにもかかわらず、過去の名称が残り「オゼン」という呼びかたが使われたりする。日常生活では忘れ去られた過去の伝統は、儀式的な場合に復活する。そこで、現在でも正月の食事にかぎって家族の一人一人が自分のお膳で雑煮を食べる家庭がある。

家族の各人の使用する食器がきまっており、それを自分のお膳の上に置いて、床の上に直接すわって食事をするのが、日本の伝統的な食事のとりかたであった。

近世に流行したお膳にハンダイ(飯台)というものがある。それは抽出《ひきだ》しのついたお膳で、抽出しのなかに椀、小皿、ハシ、フキンなどが入れてあるものだ。あるいは、お膳の台の部分が箱になっており、そこに食器をおさめ、食事のさいには箱のフタを裏返して、台の上にのせる形式のハコゼン(箱膳)というものもある。食事のたびにハコゼンから食器をとり出して、食物を盛ってもらう。食事が済んだら、食器にお湯をついですすぎ、フキンでぬぐってお膳のなかにしまったのである。

イス、テーブルの食卓では、食卓上での食物の取りわけがおこなわれ、食卓なしの食事では一つの器から直接に共食《きょうしょく》がなされるのにたいして、銘々膳の文化では、食卓にならべるまえに食器に食物を盛りわける食物の分配方法がとられる。個人別に盛りつけをした食物が配給されるのである。

配給係としての主婦はたいへん忙しい。食べ盛りの子供を何人かかかえていたら、お代わりをよそうのに手一杯で、おちおち食事をしていられない。

長崎名物のシッポク(卓袱)料理は、江戸時代に長崎に駐在した中国人の食事をとり入れたものであり、シッポクとはテーブル・クロスを意味するという説もある。中国流に一つの食卓をかこんで食べるシッポク料理は、当時としては異国風の食事であった。江戸時代、シッポク料理を食べた人の記録に「給仕のわずらわしいこともなく、酒をついだりつがれたりするめんどうなこともなく、自分の好きなように飲食でき、和気あいあいとしてよいものである」と書かれている。

シッポク料理では、中国風の料理、テーブル、食物分配方法をとり入れたが、食卓はタタミの上におき、イスは使用しない。お座敷中華料理のはしりである。関西ではいまでも、共同の食卓をシッポク台とよぶことがあるそうだ。チャブ台という名も卓袱の中国音

(chuofu)に由来するという説がある。

明治時代以後、家庭の食卓でナベ物料理がとり入れられるようになった背景には、日本人の食卓が銘々膳から、チャブ台に変化した事情が大いに関係している。ナベに直接手を出すことをせず、銘々膳に配給してもらうのでは、ナベ物の楽しさが半減する。ダイニング・キッチンの流行で、日本の家庭の食卓は現在、イス、テーブル式に変化しつつある。それにともなって、大皿から食物を好きなだけ取りわける西洋的食物の分配方法がとり入れられるようになってきている。

＊

日本のほかに膳を使う文化はどこにあるかといえば、イス、ベッドを用いずオンドルの床の上に直接フトンを敷いて寝る民族——朝鮮半島の人々である。

もっとも、朝鮮での膳は銘々膳とチャブ台の併用に近い使われかたをした。中国に儒教を学んで、中国以上に礼儀正しくなってしまった民族のことである、長幼、男女の別の秩序がたいへん厳格な家族制度をつくってしまった。そこで、家長にあたる家族の年長者には独床(トクサン)という一人用の膳で食べさせ、子供たちは兼床(キョムサン)という二人用の膳に並んで食べ、女性は男や子供たちに食べさせたあとに、食物の整理役として最後に食べる、といった食事の方法がとられた。もっとも現在では、家族の全員がそろって改良床（ケーリャサン）というチャブ台式の円いお膳について食べるように変わりつつあるそうだ。

済州島の旅館に泊ったところ、食事どきになると一人用のお膳に食物をならべて、女中さんが運んできたので、少々なつかしくなった。現在の日本では、旅館でも食物のならべられたお膳を運んでくるのは大広間の宴会のお客になったときくらいで、泊り部屋にはじめから置かれた机の上に、岡持ちに入れた食物をならべるのがふつうのこととなった。

十六世紀後半に日本へ伝道にきた宣教師である、ルイス・フロイスは「われわれ（ヨーロッパ人）の食卓は食物をならべる前から置いてある。彼ら（日本人）の食卓は食物を載せて台所から運ばれてくる。」（ルイス・フロイス、岡田章雄訳『日欧文化比較』岩波書店、一九六五年）といっているが、織田信長や大友義鎮などの大パトロンをもったバテレンなので、現在の旅館の宴会式の食事で、見えないところから運ばれてくる食膳を供されていたのだろう。

お膳の上にならべられる料理の基本セットは飯と汁とおかず一品――これが一汁一菜――ということになっている。じっさいは、朝飯の場合など汁が省略されたりするが、理念としては一汁一菜が日本人の正式の食事の最少単位をなすものであろう。この基本セットに汁やおかずをどれだけつけくわえるか、ということで贅沢な食事か、質素な食事であるかが判定される。宴会の食事であったら、料理をのせた膳の数を多くすることによって御馳走とみなすことになり、二の膳、三の膳というふうにやたらにお膳をならべたてた。タタミの上をどれだけお膳が陣取るかという、いわば食事における領土的帝国主義とでもいうべきものが成立したのである。

料理の数でもって食事の格がきまる、という素朴な原理でもって宴会料理は評価されてきた。そこで、はじめから食いきれないことを予想して、折詰にして持ち帰るための料理をわざわざつくったりしたのである。

他人の膳に箸をのばして、つつくことは無作法の最たるものである。お膳に食物を配給することによって自分の食事の領土が確定する。その領土を侵略することは子供の食事にしばしば起こるように戦争をまねくことになる。

配給されたのは食物ばかりではない。それを容れる食器も、各自にわりあてられていた。ハンダイやハコゼンに収められた食器を洗うのは、月に四、五回のもので、商家などでは食器を洗う日というのがきまっていた。ふだんは、食事が済んだときに湯や茶をついですいだものを飲んだあとフキンでぬぐうだけですませられたのも、それは自分だけしか使用しないことがわかっているからであった。他人に自分の食器を使用されることにたいする抵抗感は強い。

日本人の清潔感に関する調査をしてみたところ、自分の持物で他人に使用されることにたいして、嫌悪感をおぼえる最大のものとして、ハシと下着——とくにパンツの類がある、という結果がでた。口につけるものと、下半身の肌につけるものは、他人にはふれさせないのである。

お膳に配給された以外の食物を取りわけなくてはならないときは、特定の個人の人格が投影されていない中立的なハシである菜バシが用いられたりするのである。直かバシでつつきあうことをしない、という点ではおなじハシの文化圏である中国、朝鮮半島とは異なっている。

同じ皿から料理をつつきあうことをせず、手をのばすのは各自の膳の上だけにかぎられ、しかも膳の配列は家長を上席として性別、年齢別、身分別によって秩序づけられていた。このような食事の席というものは、食卓のだんらんとはほど遠いものであった。大きな商家に育った老人の話では、子供時代には家長と長男だけがタタミの上であげ膳さげ膳で食べ、次男以下は板敷の台所で女中が盛り切った膳で、使用人は主人家族の食事がすんでから食べたという。都市部で膳の使用がおそくまで残ったのは使用人の多い家においてである。銘々膳を使用することは使用人にたいする食事の配給制の手段として大変有効であったからだ。

食卓は楽しみの場というよりは、家庭内における神聖な行事という性格をもそなえていた。神棚、仏壇に食事を供えてから、人間が食べはじめる。遠く離れ一家の食事につらなることができない者には、陰膳が供えられた。

日本人の食事は家族のなかでの公的なふるまいという側面をつい最近までもっていたのである。そこで、食事のときおしゃべりをすると家長から叱られたりしたのである。二十世紀におけるチャブ台の普及が日本人の食事風景を一変させたのである。

追記　その後、わが国の食卓の変遷にともなう家庭での食事風景の変化についての共同研究をおこなった。その報告書のなかでは、中国や朝鮮半島の食卓についても、よりくわしく論じている。興味のある方は、左記の文献を参照されたい。

石毛直道・井上忠司(編)『現代日本における家庭と食卓——銘々膳からチャブ台へ』(国立民族学博物館研究報告別冊　一六号)、一九九一年

よそうもの

器はさまざま

食べ物を盛る器で、いちばん基本的なものは、なんといっても手のひらである。いまでもお茶うけを手のひらにうけて皿がわりにすることがある。

太平洋の島々では、バナナの葉が食器として用いられるところが多い。トンガ王国で見た例では、アシの新芽のようにくるくると巻きこまれているバナナの若葉を使う。一度も外気にさらされたことのない若葉をひろげて、その上に食べ物を盛る。ほのかに若葉の香りがして、黄緑色のつやつやした色どりが美しく衛生的でもある。同じ葉を二度使うことはない。食べ終ったら、捨ててしまう。皿は庭にいくらでも生えているのだ。

スープのたぐいはヤシの殻によそう。これも使い捨てだ。トンガ人の主婦は、食器洗いの労働から解放されている。どんな多数のお客さんを招いた宴会を開いても、食器をそろえる苦労はいらない。

東アフリカの田舎では、ヒョウタンの殻が主要な食器として使われていた。食器のほか、水入れ、ミルクしぼりの容器、穀物入れなどあらゆる容器としてヒョウタンが用いられる。直径が三〇センチもある大きなヒョウタンを輪切りにして、内部の果実や種子を出して、天日でかわかす。すると、大きなボールができあがる。このボールのなかに食べ物やミルクを入れて、食卓に供する。大きなヒョウタンのボールでミルクをまわし飲みしたらこぼしてしまうので、子供のためには、小さなヒョウタンの殻に、皮ヒモで取手をつけたかわいらしいミルク飲みがある。

ニューギニア高地では、食べ物はザルと呼ばれるショウガに似た植物の葉の上に盛られる。食物を煮る土器やナベがないために、汁気のある食べ物はない。そこで、ヒョウタンを栽培していても、食器として使われることはない。ヒョウタンは、男性のシンボルをおおうペニス・ケースと水入れに用いられる。紳士服と水筒が同じ材料でつくられるのだ。

ホーローびきの洗面器が食器

世界の多くの場所で、食べ物を個人的に盛りわけるようになったのは、比較的新しい風習であるようだ。もともとは、一つの容器に盛った食べ物に、家族の全員が手をのばして共食したものだった。東アフリカの例でも、家族だけの内輪の食事ならば、食べ物をヒョウタンにうつしかえることをせずに、ナベに直接手をのばして食べることも多いようだ。だが、ススだらけのナベを食卓にもちだしたら、まわりをよごすことも多いし、美的ではない。また、おなじナベをひきつづき別の料理に使わなくてはならない場合もある。そこで、さまざまな食べ物を盛る道具が使用されるようになる。陶器、素焼きの土器、金属器、木器、ヒョウタンなど、さまざまな材料による食器が考案された。最初は全員が同じ器から食べるための鉢や大皿のような食器がおもで、個人用の小さな食器はのちの段階になって出現するものである。

陶器や金属器を生産する技術が発達したのは、文明の中心地帯に限られるし、高価でもある。太平洋やアフリカの各地では、最近新しい共食用の食器が用いられている。それは、ホーローびきの洗面器である。

花模様などのついた白いホーローびきの洗面器は、きれいで衛生的である。洗面器としては見ずに、食器の一種としてながめると、陶器の大きな鉢となんら変わるところがない。これだったら、白人のダンナ方の使っている白い皿と同じではないか。おまけに、丈夫で長持ちする。そんなことで、原住民の文化に、洗面器は顔を洗う道具ではなく、主として食器の用途をもつものとしてとり入れられたのである。スワヒリ語では、洗面器はサファニ――皿――という言葉で呼ばれているが、アフリカの田舎を旅行していると、赤ん坊に行水させたあとで、同じ洗面器に食べ物を盛って供されるようなことを、しばしば経験する。

エジプトのカイロの裏町は、さまざまな食べ物を売る露店が立ち並び、食いしん坊にとっては楽しいところである。そんな露店の一つにはいると、店の主人はまず最初にエーシュとよばれる大きな楕円形の薄いパンを手にとる。そして客の好みに応じて肉や豆、米料理などをパンの上にのせてくれるのである。また、パンの皮をひきさくと袋状になって、そのなかにさまざまな料理をつめこんで、巨大ないなりずしみたいにつくることもある。ここでは、パンが皿の代用品になるのだ。

フランスの庶民の最初の皿は、トランショアール(肉用まな板)と呼ばれる、厚切りの焼いてから日のたった堅いパンであった。このパンの上に肉をのせて食卓へ供したのである。汁気のある食べ物はナベや素焼き、木製の鉢へ入れて食べたが、庶民の生活では鉢にうつしかえをせずにナベを食卓の中央に置き、各自が直接スプーンをつっこんで食べたという。フランスの庶民生活に陶磁器製の食器が一般化するのは、十八世紀になってからのことだという。

盛りつけを重んじる日本

日本では弥生時代から金属製の刃物が使用されるようになり、素焼きの土器のほかに、木を細工してつくった食器も用いられるようになった。一方、奈良時代になっても、カシワなどの木の葉を食器として使用することも行なわれていたことが文献から知られる。お盆のとき仏前にあげる飯をハスの葉に包むこと、カシワ餅やチマキも、そのなごりと考えられよう。また、一枚の木の葉に食べ物を盛るだけではなく、何枚もの木の葉をつづりあわせて葉椀《くぼて》をつくることもあったようだ。

上層階級の人々は、儀式用に銀製の食器やウルシ塗りの食器を使用したり、中国渡来の陶器を使用したりしたが、長いあいだ庶民の生活の中心を占めたのは木をえぐったり、曲物でつくったりした木製の食器であった。木製食器は、各地を放浪してロクロひきを行なう木地屋《きじや》の手によって普及した。

日本の陶磁器製の食器の美しいこと、その多種多様なことは海外にまで広く知れ渡っている。おそらく、日本は食器の文化では世界一発達しているところであろう。そのかわり、料理屋の日本料理は味ではなくて、器で食べさせる、という悪口もあるが……。日本の陶磁器製食器がこのような発達をみたのは案外新しいことであり、都市の民衆が陶磁器製の食器を一般に使用するようになったのは江戸時代中期からあとのことである。農村部では明治時代になってから陶磁器製の食器が一般化する。

チャワンが飯を食べる食器なのに茶の碗《わん》とされるのは、チャワンが陶磁器の代名詞として使用されたからである。そこで陶磁器製の枕のことをチャワンの枕とよんだりした。材質の如何をとわず、椀状の個人用食器が普及している場所は、中国文明の強い影響をうけた場所に限られ、ハシを使用する文化圏と一致する。

ところで、食器に食べ物を盛ることをよそうというが、昔流に書けば「装ふ」ことである。食べ物のよそおいかたである盛りつけの美しさという点では料亭風日本料理が世界でいちばんかもしれない。

*

シドニーの美術商のギャラリーをひやかしていたら、益子焼の抹茶用の茶碗がたくさん陳列してあるのに気づいた。はて、ユーゲンなるティー・セレモニーとやらがオーストラリアでも流行りはじめたのだろうか。店主にたずねたところ、サラダ・ボールに使うのだ、とのことであった。なるほど、民芸調の茶碗にレタスやトマトを盛りつけるのも悪くなさそうだ。結婚祝い用に数個まとめて買っていくお客が多い、という。

そういえば、茶人が珍重する井戸とか三島の茶碗というものも、李朝朝鮮では飯を盛ったりドブロクを入れる雑器であった。

さきに述べたように、碗とハシがセットになって使用されるのは東アジアを中心とした一帯である。しかし、個人用食器としての碗の分布は、ハシの分布よりも広い。

モンゴルではアイヤガとよばれる木製の椀が使われ、これに肉や、菓子を盛ったりもするが、なんといってもいちばんの用途は茶を飲むのに使うことだ。モンゴル人は中国から輸入された茶——葉茶ではなくて、茶の葉を圧縮して、レンガ状にかためた磚茶《たんちゃ》——を牛乳にまぜて飲用する。磚茶を斧で打ち欠き、それをさらにつきくだいたものを、湯のなかで煮立てる。こうやって煎じた茶に牛乳をたっぷり入れて飲む。モンゴル人はどこへ行くにも、木椀をふところに入れて行くそうだ。

チベット、ネパールの人々も木製の椀を常用する。ここでも磚茶が用いられ、磚茶に塩と多量のバターを入れてまぜたバター茶が飲用される。塩味でバター入りとなると、これは飲物というよりはスープに近い。主食のオオムギの炒り粉——これをツアンパというが、日本の麦こがし、関西でいうハッタイ粉とおなじものだ——もバター茶で練って、椀から食べる。

紀行文などにあらわれるモンゴル人やチベット人の食生活では、じつにひんぱんに茶を飲むことが記されている。野菜にめぐまれないモンゴルやチベットの高原では、茶は必需品となっている。

東南アジアでも碗はある。現在では、中国の影響で、東南アジア一帯に麵類の料理がみられるが、汁気のある麵を食べるためには小ぶりのドンブリくらいの大きさの碗が使われる。しかし、タイの例で述べたように麵を碗とハシで食べるのは、家庭料理ではなく、外食であるのがふつうだ。

インドネシア語で碗をチャワンともよぶ。これは中国から入ってきた名称であろう。江戸時代初期に御朱印船などで日本に輸入された宋胡録《すんころく》の茶碗なるものは、タイのスワンカロークおよびスコタイで焼かれた陶器である。では、インドネシアのチャワン、タイのスワンカロークの碗の本来の用途はどんなものであったかについては、いまのところわたしにはわからない。喫茶の風習が東南アジアに一般化したのは最近のことなので、すくなくとも茶を飲むための容器ではなかった、であろうことは考えに入れておく必要がある。酒の杯なのか、それともスープ類の容器なのか。

北タイのある村で食事をしたことがある。このときは、モチ米の強飯を竹で編んだ魚籠《びく》状のカゴに入れて供し、そのまわりにニワトリを魚醬で煮たおかずや塩づけのタケノコのスープなどを皿や鉢に入れて出された。人々はそのまわりをとりかこみ、カゴに手をつっこんで飯を指先でかるくにぎり、スープにちょっと浸したりして食べた。もちろん、個人用の食器というものはない。このとき、飯籠のまわりにならべられたおかずやスープ類の容器はいずれも小さなものばかりであった。さまざまなおかずをちょびっとずつならべるのである。こんな用途にだったら、すんころくの茶碗も使えそうだが。

どうも、個人用食器としての碗は、ハシを使うベトナム以外の東南アジアでは発達しなかった、と考えてよさそうだ。現在でも、この地域での基本的な食器は皿である。手づかみの食事をとるときに碗が必要そうな食物としてはスープ類が考えられる。しかし、それも北タイの例でみたように、手でにぎった飯を浸して食べたり、あるいはインドネシアやマレー半島の食事のように、皿に盛った飯の上にスープをかけてしまって、びしょびしょになった飯を手でつまんで食べる。モンゴルやチベットをのぞくと手食の文化では、個人別に盛りわける食事法はあまり発達しなかったし、また食事のさいに日本の椀のように器のふちを直接口にあてて汁を飲む習慣もあまりないようだ。器の形から考えても、深さのある碗よりも、平たい鉢のたぐいのほうが、手づかみで食物をとるには適している。

してみると、「お椀の舟にハシの櫂」が通じる場所は世界のなかでも、たいへん限られた地域に限定される、という結論に達する。

包丁とまな板

料理専用の刃物

六十歳になる母から包丁をゆずりうけた。わたしの曾祖母が愛用していたものであるという。器用で料理ずきであった曾祖母は、よく婚礼や法事の料理の手伝いを頼まれた。そのようなとき、この包丁を一本手にして気さくに出かけたものだという。

もとは細身の柳刃の刺身包丁であったのだろう。母娘三代のあいだに何百ぺんもとぎかえすうちに、刃がすっかりすりへって、刃渡り二〇センチほどの切り出し小刀のようなものになってしまった。それでも小魚をさばいたり、野菜のこまかな細工をするには重宝で、使いなれたら手から放せないものになった。

とぐのがめんどうなので、近頃では、ステンレス製の包丁が家庭ではばをきかせているが、上等の日本包丁は切れ味がよく、しかもまな板にあたったときの感触がやわらかで、とても使いよい刃物だ。なにしろ日本刀という、世界の刃物の歴史で最高品を完成させた技術が、包丁に生かされているのである。

ニューギニアの高地で石を磨いてつくった包丁を見た。もっとも包丁といっても、木をけずったりするための工作具としての用途が主である。食物加工用としては、せいぜいサトウキビの茎をたたき切ったり、焼きあがったタロイモを切りわけるのに使うぐらいだ。鈍い石の刃では刃すべりがして、肉を切ったりすることはできない。

ニューギニア高地人は、ブタを切るとき竹のナイフを使う。竹を裂いてつくった、竹べラみたいなものだ。竹細工をして手を切った経験がおありの方にはおわかりのことだろうが、竹をそいだらたいへん鋭利な刃物となる。この竹の包丁でブタを一頭解体してしまう。骨をたたき切ることはできないが、解剖学的に非のうちどころがない正確さでもって、関節のあいだに竹の包丁を入れて、たちどころにブタ一頭をばらばらにしてしまう。赤ん坊のヘソの緒を切るのも竹の包丁だ。

アフリカの田舎では、料理用のナイフと工作具としてのナイフの区別がないところが多い。木をけずった同じナイフで肉を切ったりする。

一般論としていえば、武器にも工作具にもなる刃物のなかから、料理専用に適したナイフをつくりだしたのは文明社会の論理である、といえよう。

日本では正倉院御物にすでに包丁がみられる。鉄をきたえてつくった片刃の細身の刺身包丁のようなものだ。

ただし、この包丁はもしかしたら食卓用のナイフである可能性もあるが……。

まな板なしの台所

包丁といえば、まな板がつきもの、とわたしたちは考えがちである。しかし、まな板のない台所は、世界にいくらでもある。たとえば、東アフリカの主婦が料理をしているのを見ると、ナベのうえにナイフをかざして玉ネギなどを宙で切っている。ナイフの刃を天井にむけておいて、左手で持った玉ネギを刃におしつけて切るのである。切り落とすのではなく、押し切りをするのだ。北アフリカから中近東へ広がるアラブ世界でも、またインドでも、まな板を使用しないのがふつうのようだ。チベット系のシェルパ族の料理法の報告でも、骨つき肉を切るときしかまな板は使わない、という。

ヨーロッパにもまな板がないわけではない。スウェーデンの家庭に居候していたときに、主婦が料理をしているのを見ていたら、直径三〇センチくらいの小さな円板のまな板を使っていた。魚や鳥の形をしたまな板だとか、かわいらしいものがあるが、いずれも薄手で小型である。カツオを三枚におろすなどといった芸当はとうてい無理な代物だ。

ヨーロッパのまな板はチーズを切ったり、野菜をみじん切りにしたりするのがおもな用途である。かんじんの肉や鳥の料理は台所で切りきざまず、丸のまま料理して、食卓の上で切りわけるので、この小さなまな板でよいのかもしれない。

　どうしても、大きなものを切らなくてはならないときは、調理台の上にじかに材料を置いて切る。イギリスの料理書を読んでいたら、台所にはまな板をそろえなくてはなりませんよ、と書いてあったので、ひょっとしたら、まな板なしの家庭もあるのかもしれない。

ハシとまな板の関係

包丁とまな板がセットになり、料理材料を台の上に置いて切りきざむ食事文化は、東アジアの中国や日本に発達している。中国では木の切り株のまな板を使うことは餃子屋《ぎょうざや》でご存知のとおり。

　それにたいして、現在ではナイフ、フォークで食事をするヨーロッパにまな板の発達がみられないし、さきに述べたアフリカやアラブ圏のほかでも、手づかみで食事する文化であるところでは、ほとんどまな板が台所の必需品になっていない。それはいったいどういうことを意味するのか。

　どうやら、それはハシを使う文化圏に関係をもつことがらのようである。ハシだけで食物を食べるためには、調理段階でハシでつまんで口のなかに入れられる大きさに材料を切りきざんでおかなくてはならない。あらかじめすべての食品を小さく切りきざむハシの文化――それにまな板がともなっているのだ。

ナイフ、フォークの文化なら皿の上で食物を切りきざめるし、七面鳥の丸焼きにしろ、大きなナイフで主人が食卓で切りわけて分配するのである。そこで、ヨーロッパで個人用のナイフ、フォークが普及する以前も、食卓には切りわけ用のナイフが一本置かれていたのである。

手づかみのテーブル・マナーの文化では、食卓で大きな肉塊をナイフで切りわけることもあるし、力まかせに引っぱりあって骨をはずして肉を引きちぎって食べてもよい。それに、手づかみだったら食物を口にはいるように小さく切らずに、ヒツジの片腿をわしづかみにして、むしゃぶりつくことだってできる。

包丁術のスペシャリゼーション

日本では切りきざむ料理文化が極度に発達した。平安朝以来、包丁の術《わざ》が食通のあいだでうるさくなり、貴族や上級武士でもみずから板前料理のようなことをして、包丁さばきのあざやかさを自慢したりするようになる。包丁式という包丁さばきの儀式のようなことまで出現して、烏帽子《えぼし》をつけたもののものしいいでたちで包丁をあやつるショーを演じる。

板前のコンクールでは、活き作りや、魚や野菜を切りきざんで盆栽のようなものをいかにみごとにつくれるか、ということが採点の対象となる。

いずれも、包丁のさえ——いかに美術的に切りきざんだかということをほこるわけで、味そのものにあまり関係ない。

「包丁一本さらしに巻いて……」の歌にあらわれるように、包丁が日本料理の象徴となったのは、どうしてだろう。

それは、料理屋における日本料理が煮こんだり、複雑なソースで和えたりせずに、材料の持ち味だけで勝負しようという、いわば料理しないことを料理の理想とするパラドキシカルな専門化をとげたことと、ハシを使う食事文化体系なので食品を切りきざむことが重視されたことが結合した結果とも考えられる。味つけに腕をふるわないとしたならば、切りきざむことに工夫をこらさないことにはプロの立つ瀬がないではないか?

＊

日本の伝統的な技芸の多くは、実用技術としての活力を失ったとき、「道」に変身する。道となった技術は人に見せるための芸事である。それはたぶんに精神主義の色彩が強い。茶道、華道といったたぐいだ。武術でさえも、島原の乱後、実戦経験なしの武士が育つようになると、剣道、弓道といった芸事に変身する。実戦にはおじぎをしあって、おもむろに正眼の構えとやらをとることはできないはずだ。戦闘術でさえも芸能化したのである。

それは良家の娘が嫁入り前の教養として芸事を習って、家元から免状をとったのとまったく同じことである。武術にも各流派の家元があり、そこから免状をとることによって武士のたしなみを心得たということである。免状こそはもらえないが、「ありもせぬいくさを請け負うて、お侍ほどいい商売はない」と女郎に馬鹿にされないよう、ついには泰平の世に武士であることの存在理由を説明する武士道なる「道」さえも発明してしまったのである。それは武士という人間であることを他の人々に見せることであり、人格の演出法、あるいは人生そのものをあるドラマトゥルギーにのっとって生きることである。人生の芸能化ともいえよう。

料理という技芸も、伝統的技芸の芸能化という日本文化のたどった流れに大いにのった歴史をもっている。料理に「道」がつくとき、「鍋道」とか「味つけ道」ではなく「包丁道」となったところが日本料理の特徴をよくあらわしている。

包丁の術をやかましくいうのは、平安時代あたりからみられ、客を前にして主人がまな板にむかい、右手に包丁左手にまなバシを持って手ぎわよく魚を切る演出をしてみせたりした。『徒然草』に鯉を包丁で百日間切る修業をした園別当入道は「そうなき包丁者なり」

と記されている、料理ずきの貴族である。宴会のとき主人が儀式的な包丁術を披露することが、客のもてなしの演出とされたのである。だが、修業のためとはいいながら百日間、鯉の料理が続いたら食べるほうがうんざりしなかったかと、よけいな心配をしてみたくなる。武家、貴族ばかりではなく、狂言の「鱸包丁《すずきぼうちょう》」のように一般人のあいだでも包丁自慢が出てくる。

素人の名人がでてくるのだから、当然それを専門職として公家や武家に仕える包丁人もいる。四条流とか大草流の包丁という流派ができ、それがのちにはプロの料理人たちのあいだで伝授されていくこととなる。家元制度のもとでの芸の伝承の特徴として「形」が重んじられ、さまざまな故事をもととした秘伝がつきまとった権威主義にうらうちされた各流派の包丁術がつくられる。料理の流派によって包丁そのものの寸法、まな板の大きさ、切った魚、鳥肉のまな板の上の置き場所まできめられることとあいなる。

室町の将軍と猿楽、戦国武将と茶人の関係のように、芸能集団は常にパトロンのもとのおかかえとして育った歴史をもち、のちに町人の実力がでてくると、元禄時代頃から特定の人物のおかかえではなく、不特定多数の上層の町人を相手としての家元制度の確立をみた。料理人たちもほぼおなじコースをたどったとみてよい。すなわち、公家、ついで上層の武家のおかかえ者から、江戸時代の後期から町での料理屋を職場とするようになる。

現在では「調理師紹介所」などといったりするが、料理職人のあいだで「部屋」とよばれてきたものがある。部屋の親方は日本料理の各流派を継承してきた人物ということになっており、流儀の免許皆伝の儀式である包丁式をおこなった経験者などもいる。親方は部屋に所属する料理人たちを統率し、料理屋へ板前を送りこむ役目をする。料理人は追廻し、洗い方とよばれる見習からはじまって、すこしずつ上の段階の役割りに出世し、その間親方の世話でさまざまな料理屋で修業をつんだりして、腕がよければ最後には板前の頭にまで昇進していく。師範とか名誉師範とかいった免状もある。親方を家元とみたてれば、プロの日本料理はつい近頃まで家元制と、人入れ稼業――何々一家といった博徒も人入れ稼業が本職であった――をいっしょにしたような性格の「部屋」にささえられていた、ともいえる。渡り職人は料理屋へのワラジをぬぐときは、仁義を切るのに似たことをしたという。これは料理にかぎらず一般に職人が渡りあるくときにはよくおこなわれることであるが、明治からはじまった西洋料理や中華料理でさえ部屋に似た制度をつくりあげたのである。ところで、現在では調理師学校出身で、「部屋」に所属しない料理人もたいへん多いことをつけくわえておく必要がある。

このようなプロの日本料理人たちのシンボルが包丁であり、包丁のさえを追求することをたてまえとしていたのだから、包丁術の特殊進化がおこったのも当然であろう。

主人が客の前で包丁さばきの演出をしてみせる宴会の食事も、料理人が理想の職場としてきた一流料亭での食事も、それは「ハレ」の料理を供する場である。それにたいして、家庭料理は「ケ」の料理であった。家庭で番茶を入れるのと、茶の湯でたてる抹茶が、おなじ茶の木からとった飲料とはおもえないほどちがうように、日本の家庭料理と料亭料理は「ハレ」の料理術の中核をなす包丁さばきをめぐりながら、ことなるものになってしまったのである。

おろす道具

アフリカの大根おろし

北アフリカのリビア砂漠のなかの小さなオアシスで調査していたときのことである。そこは遊牧民が最近定着してつくった村であった。村人たちは十数年前までは、砂漠のなかにテントを張り、ラクダの遊牧をしていたのである。その頃は、乾燥したナツメヤシの実とラクダの乳が主食であった、という。それは火を使わない食事である。ナツメヤシという高カロリーの食品と乳を飲んでいたら、栄養のバランスはとれるであろう。

そんな人々が農業をしながらつくった村であるから、オアシスでの作物の種類はすくない。ナツメヤシ、コムギ、オオムギと、ヤギやヒツジの飼料にするウマゴヤシがおもな畑作物であった。野菜とよべるものを、ほとんどつくらないのである。

わたしたちは村人たちから家畜の乳をわけてもらって、ミルクという完全食品をたっぷり飲んでいたので、栄養学的には、不足のない食生活であった。しかし、日本人にとっては、野菜のまったくない食卓はさびしすぎる。そこで、ヤギやヒツジのエサを少々ピンハネして、ウマゴヤシのおひたしや酢の物などをつくって、まぎらわしていた。

ウマゴヤシのほろにがさにあきがきた頃のある日、村人のひとりから大根を一本もらった。この貴重な大根をどうやって料理すべきか、議論を重ねた結果、残りすくない醬油を使って、大根おろしにするのが、宝物を賞味するのにいちばんいい方法である、という結論におちついた。

だが、おろしがねがない。どうしよう? かん詰めのあき缶に、釘をまんべんなく打ちこんで、ギザギザをつくって、即席のおろしがねをつくることで、この問題は無事に解決がつき、日本を離れてから何カ月かぶりの大根おろしに、舌つづみをうったことである。

昔はおろし皿

昔は、金属製のおろしがねではなく、おろし皿とよばれていた。陶磁器製であったのだ。円形や楕円形の皿をつくり、粘土がまだ乾かないうちに、くし状の道具で縦横十文字におろし目をつけて、堅く焼きあげたものである。くしでおろし目をつけたのではなく、おろしがねと同様に歯形の突起をつけたものではあるが、現在でも、陶器製のワサビおろし用の小皿を、民芸店で売っていることがある。朝鮮半島では、薑板《きょうばん》といって、磁器製の板に珪石の粉末をちりばめて焼いたという(本山荻舟『飲食事典』平凡社、一九五八年)。

木製のものもある。それは飛騨高山の民俗館資料や国立民族学博物館所蔵の山形県東置《おき》賜《たま》郡の標本にみられる。一木製で長方形の堅い板に柄をつけた形をしており、荒い歯をたんねんに刻みこんである。

中国では、竹製のものもある。中国物産展などでごらんになった方もあるだろう。

近世になって金属製の道具が一般的になってから、おろしがねという名称が使われるようになった。現在ではプラスチック製のものまで出現したのは、ご存知のとおりである。

しかし、いちばんよくおろせるのは、板前が使っているような厚い銅の板でつくったものである。

「しんじょ」をつくるために、アワビをすりおろす、といった用途には、アルミではなく銅製のものでなくてはつとまらない。ただし、鋭い歯がついた板前用のおろしがねを、素人がへたに扱うと、指まですりおろしてしまうのでご用心……。

おろす道具さまざま

大根、ワサビ、ショウガなどの薬味類をおろすだけではなく、トロロイモをおろしたりするにもおろしがねは使われる。地方によっては主食のイモ類をおろしてデンプンをつくるにも、一種のおろしがねが使われた。鹿児島県の硫黄島でこのような用途に使用されたセンオロシとよばれる木製の大きな道具が国立民族学博物館の標本に残されている。

また、大根おろし用の道具ではあるが、各地の山村などに伝わる木の板に竹の歯を埋めこんだおろし板がある。歯の間隔がひろく、これでは薬味にする大根おろしはすることはできず、たいへん粗く粒状に大根がおろされる。これは、カテ飯用の大根をおろす道具だ。粗くおろした大根を飯にまぜて、米の増量材として、料理するための用途である。

南米原産のマニオクとかキャッサバとよばれる植物のイモ状をした根茎《こんけい》は、現在では世界各地の熱帯で栽培され、重要な主食として用いられている。品種によってはマニオクの根茎には青酸を含んでいるものがあり、そのまま焼いて食べたりすると死ぬこともある。そんな有毒品種でも、水にさらすと、毒性が取りのぞかれ、良質のデンプンとして食用にすることができる。

ポリネシアのトンガ王国で、有毒種のマニオクを加工している風景を見た。水さらしをするためには、まず根茎をすりつぶさなくてはならない。そのためのおろしがねは、なんと屋根に張るトタン板を半分にした巨大なものであった。厚手のトタン板に釘を打ち込み、無数の穴をあけて裏面にできたギザギザを利用するおろしがねである。わたしがリビアでつくったあき缶製のおろしがねのジャンボ版である。太さ一五センチもあるマニオクの根茎を両手でかかえて、この大きなおろしがねですりおろすのだ。おろしたマニオクは、丸木をえぐってつくった桶《おけ》に入れ、そこに水を何回もそそいでは有毒成分を洗い流す。そのあとで水を張った桶を放置しておくと、桶の底に白いデンプンが沈澱する。このデンプンを自然発酵させたものを、タロイモの葉でくるんで焼くと、おいしいパンができる。

南米の原住民は、せんたく板状のすり板でマニオクをおろすという。

コプラおろし、チーズおろし

南太平洋の諸島や東アフリカの海岸部では、コプラをおろす道具がみられる。コプラとは、ココヤシの種子のなかにある胚乳で、白い脂肪分のかたまりである。せっけんやマーガリンの原料として、コプラを輸出することが南太平洋で最大の産業である。

コプラは、調味料としても使用される。ヤシの実を割って、コプラを細かくけずるか、すりおろす。木鉢のなかに水を入れ、すりおろしたコプラをもむ。ヤシの殻の外側の繊維で、これをこすと、白い乳液状のココナツ・ミルクができる。ココナツ・ミルクは、万能の調味料であり、これでさまざまな食物をあえたり、煮たりする。ココナツ・ミルクを使った食物を食べると、一時間もしないうちに汗がせんたくせっけん臭くなり、原地人と同じ体臭になる。

このココナツ・ミルクをつくるためにコプラをおろす床几《しょうぎ》形の道具がある。のこぎり状の歯をつけたヘラ状の鉄片をとりつけたイスである。このイスに腰をかけ、殻つきのヤシの殻の内側のコプラをイスの先端部にとりつけた鉄片でおろすのである。鉄が知られるまえは、貝殻がおろしがねとして用いられた、と考えられる。アフリカとオセアニアに分布するこの道具の起源をあきらかにすることは、民族学の問題としておもしろい。

ヨーロッパでは、チーズおろしがある。チーズはそのまま食べるだけではなく、おろして調味料として用いられる。イタリア料理などを見ていたら、チーズは日本のカツオ節に相当するくらい重要な調味料となっている。食料品店の店先には自動車のタイヤほど大きなパルメザンチーズのかたまりが積み上げられている。この堅いチーズをおろして、調味料に使用する。

チーズおろしにも、さまざまな形状があるが、四角柱状で、各面に大きさの異なる歯がついており、使う面によって粒の大きさが異なる粉末におろせるようになっているものが一般的だ。おろす道具としてばかりではなく、野菜のスライスに使用する使い方もある。このチーズおろしは、ヨーロッパに住む日本人のあいだでもっぱら大根をおろすために使われている。

食卓にならぶ料理については、故事来歴が論じられることが多いが、その裏方をささえる台所の小道具についての話になると、みな君子となって口をとざし、厨房を論じず、ということにあいなる。中国でも、日本でも台所用品の考証をすることはむずかしい。文献に残された資料がたいへんすくないのである。そこで、大根おろしについてもわからないことだらけだ。

*

まず、わたしの気になるのは中国物産展で見た竹製の大根おろしだ。ある中国語辞典をはぐってみたら蘿蔔泥(ルオボニー)といって大根おろしの名称がでてきた。蘿蔔(ルオボ)とは中国で大根のことをいう。大根をせん切りにした繊蘿蔔(チェンルオボ)がなまって、日本では千六本という名前になって、わずかに中国名が伝わっている。インドネシアでは大根をロバ(lobak)とよぶが、これも中国から伝わった名称だろう。

ところで、中国の台所用品のなかに、いっこうに大根おろしが出てこないのだ。現代中国のふつうの台所用品についての説明にも、清朝の風俗を書いた文献の台所用品の部などにも姿を出さない。すくなくとも、中国人にとって日常の食生活になくてはならぬ道具というものではなさそうだ。

それでは、料理のほうから追いかけたらどうか、ということになるが、いままでわたしが食べたり、文献で見た中華料理にはとくにおろしがねの類を必要とする料理はなさそうだ。『本草綱目』の大根についての記述をみても、生の大根の食べかたとしては生かじりにするか、大根をたたきつぶして汁を飲む、という薬としての利用法がでてくるくらいのものである。どう考えても、うまそうな食べかたではないし、そのためにわざわざ大根おろしという道具があったとはおもえない。日本に長く住む中国人の文章に、大根おろしは日本人の発見した大根のすぐれた食べかたである、と書いてあることをみても、ふつう中国で大根おろしを食べることはなさそうだ。

おろしがねの用途はべつに大根でなくともよいわけで、ショウガやニンニクをおろしてもいいが、中華料理ではあの分厚い包丁の刀身でたたきつぶすのが常法で、一々おろしたりはしない。

してみると、中国の竹製の大根おろしは、いったいどういうことになるのだろう。日本のおろし道具の起源もいつ頃にさかのぼるのか、朝鮮半島、中国との関係はどうなのか、と問われても、いまのところ答えようがない。江戸時代の百科全書である『和漢三才図会』をはぐってみると、庖厨具のなかに「薑擦」とあり、訓は和左比乎呂之(わさびおろし)とつけてある。銅板に爪を立てて、ワサビ、ショウガ、サツマイモなどをすりおろすもので、その裏面にはやや粗い爪を立て大根をすりおろすのに使うものだ、といった意味の解説がついている。現在の板前の使う銅のおろしがねに、片面はワサビおろし用、片面が大根おろし用の爪が立てられたものがある。江戸時代のものとおなじわけだ。じつは、わたし自身使っているおろしがねがこの手のものである。

アルミのおろしがねはすぐに歯がへってしまう。プラスチックのおろしがね、溝が切りこんであり早くすりおろせるというおろしがね、おろしたものがたまるような箱を下にとりつけたおろしがね、大根おろしもトロロもできるというジューサー・ミキサーなど、いろいろなおろし道具を使ってみた。すべて、一長一短があり、現代風のおろしがねにはこれにきめた、といえるものがない。細かい歯ですりおろす、というなんでもないような道具なのだが、じつはうまく大根をおろすという行為で、かんじんなのはおろす材料の細胞を破壊せずにはがすことがたいせつなのだそうで、おおげさにいうと一種の破壊工学の理にかなった道具でなくてはならない。各種おろしがねの実験の結果、指をすりおろすことさえ気をつけたら、昔ながらの銅のおろしがねを使うのがいちばんという結論がでた、とかいった記事を読んだことがある。

爪の一つ一つをタガネで打ち出した銅のおろしがねは少々値が張るのが欠点だが、耐久力を考えたら高い買物にはならない。プロの料理人が使っているということは、それだけ信頼度の高い品物ともいえよう。事実、銅のおろしがねを使いなれたあとで、プラスチックやアルミのものを使うと、使い心地の悪さでいらいらすることになるし、できた大根おろしの舌ざわりも銅のほうがよろしい。

さて、『和漢三才図会』では「わさびおろし」という名称であった。だいたいにおいて江戸時代には、おろしがねは大根おろしではなく、わさびおろしの名称のほうが一般的のようだ。明治時代のおわりの東京の生活を描いた本にもわさびおろしとでていた。主要な用途がことなるようになっても、名称には古い名が残ることは、飯を盛っても茶碗ということからもわかることだ。江戸時代では、大いに大根をすっていたはずだが、それでもわさびおろしの名前であった。ということは大根をおろして食べることは、案外、江戸時代からそれほど前にさかのぼることではないのだろう。

それは、大根の品種改良に関係があるかもしれない。『古事記』にオホネという名称であらわれるところをみると、大根は中国から古代に輸入されたらしい。江戸の練馬大根、巨大なカブのような形をした京都の聖護院大根、一メートル以上も長い守口大根、スイカよりも大きな球形をした鹿児島の桜島大根など、大根については世界で日本人がいちばん多様な品種をつくりあげた。このような品種改良のなかから、辛味がなく、むしろ甘味があってわさびのように薬味とするというよりは、おかずの料理である大根おろし用にむく大根が近世になって多くできたことに理由をもつことかもしれない。

また醬油をかけないことには、大根おろしは食べられたものではない。ところが、醬油の使用が普及するようになるのが江戸時代になってのことである。

いっぽう、昭和二十年代から、ホースラディッシュを原料とする粉わさびが全国的に普及して、家庭で高価な生わさびをすりおろすことはまれになり、名実ともに大根おろしということにあいなった。

石の臼と木の臼

製粉用の臼

すり臼、というものがある。大き目のまな板くらいの板石を下石とし、まな板の横幅ほどの長さの円筒状の石を上石とする。床に置いた下石のうえに穀物をのせ、人はかがみこんで上石の両端を手で下石におさえつけながら、センタク板をこするように前後運動をする。上石をゴリゴリと下石にすりつけることによって、穀物をおしひき、粉にするのだ。原始的な製粉方法である。古代エジプトの絵画や彫刻には、裸の女奴隷がすり臼で製粉しているモチーフがよくあらわれる。

東アフリカの田舎で調査していて、知り合いの家へ立ち寄ったときのことだ。ここでは、友人となったら、戸口でノックをして、許しをこうてから、家のなかへはいらなければならない、というややこしい手続きはない。他人の家でも、声をかけながら、返事をきかずともそのままずかずかとはいりこむ。はいったとたん、ハッとした。戸口で娘さんが、すり臼を使ってトウモロコシの粒を粉にひいていたのだ。衣類をかなぐりすてて、真っ裸で。それは、古代エジプトさながらの光景であった。

現在の世界で、すり臼を製粉に使用しているのは、アフリカの東部および南部である。しかし、新石器時代の世界を考えると、その分布はずっと広い。エジプト、中近東はもとより、ヨーロッパ、中央アジアを通って中国の東北部から朝鮮半島の一部にまでひろがっていた。それは、当時の粉食の分布をしめすものである。

また、コロンブスの発見以前から南北アメリカの農耕地帯では、原住民がトウモロコシをすり臼をもちいて粉にしていた。新大陸のすり臼は旧大陸とは関係なしに独立発生したものと考えられる。

その後、ヘレニズム、ローマ文明とともに、回転式の臼が製粉用の道具として世界にひろまり、すり臼にとってかわる。円形をした下石のうえに、やはり円形の上石を置き、心棒で連結して回転させる。上石の穴からなげこんだ穀物は、上石と下石のあいだで粉になって出てくる。茶臼と同じ原理のものである。

上石と下石の接触面に適当な歯をきざみこむことによって、モミすり用の臼として使用することもできる。

この回転式の石臼が中国へはいってきたのは、戦国時代の終り頃で、シルクロード経由のコムギの伝播にともなってもたらされたものである。日本へは飛鳥時代に薬や顔料を粉末にするための道具としてもたらされたが、穀物を粒のまま料理することがふつうで、粉食に主力を置かないわが国では、回転式の粉ひき臼が農家の必需品となるのは江戸時代になってからのことであるようだ。

竪杵と横杵

ふだん、餅つきに使う杵は、カナヅチの親分みたいな形をした横杵《よこきね》である。だが、絵本のうさぎの餅つきには、砂時計形で長い棒のようなかっこうをした竪杵《たてきね》を使っている絵がかならずあらわれる。なぜ、うさぎは竪杵を使うのか？　子供心にもふしぎであった。

横杵はのちになってからの発明である。昔の日本では、米つきにも、餅つきにも、竪杵をもちいていたのだ。香川県出土の銅鐸《どうたく》の絵にも、竪杵を使っている図柄がえがかれている。山のなかの村や南西諸島、沖縄では、竪杵がつい最近まで残っていた。昭和三十年代後半、わたしはトカラ列島で竪杵を使っているのを見たことがある。

古い文化は、辺境地帯に残る。また、昔話には、その道具だてをなるべく過去の形態のまま保存しようとする作用がある。そこで、新しい文化である横杵が一般的になっても、うさぎの餅つきには、古い文化である竪杵がえがかれるのだ。

木製の臼と杵は、餅つきのためだけにあるものではない。もっと日常的な役割として、穀類の脱穀、精白といった用途がある。東南アジアの大陸部からインドネシアの島々にかけての一連の稲作地帯では、現在でも米つきの道具としてさかんに竪杵が使用される。

サハラ砂漠以南のアフリカでも、木でつくった臼と竪杵のセットが分布する。雑穀やトウモロコシを粉にして料理する、さきに述べたすり臼地帯にはいる東部および南部アフリカでも、木臼と竪杵はある。製粉する前に、ヒエやモロコシの堅い殻をとりのぞいたり、トウモロコシの粒の根もとの堅い胚の部分をとりさるために、臼でつく必要があるのだ。

わたしたちは餅つき風景しか知らないので、臼を使うのは男の仕事と思いがちである。しかし、東南アジアでの米つきは、ふつう女の仕事だし、アフリカでの雑穀つきも女の仕事となっている。臼をもちいて行なわれる脱穀、精白、製粉という一連の作業は、ふつうは女の仕事であることが多い。自給自足経済の段階では、穀類を家に持ち帰ってからあとの調製は台所仕事の部類に入れられ、女の受け持ちとされるのがふつうなのだ。日本でも、万葉集の時代に、舂女《つきめ》という名があらわれ、米つきが女の仕事とされていたらしいことがうかがわれる。それにたいして、餅つきが男手によることがふつうなのは、力を必要とする労働であるからということもさりながら、「ケ」である日常の食事をととのえるのは女の受け持ちとし、餅つきは、祭りや儀礼など「ハレ」を象徴する行事として男の受け持ちとなったのではなかろうか。

イモ文化の伝統をひく日本

アフリカの西部では、ヤムイモ――日本のヤマイモの親類――が主食として栽培され、西アフリカのサハラ砂漠の南側はヤムベルト地帯とよばれるくらいである。現在ではヤムイモのほか、新大陸原産の根茎類のマニオクも栽培される。これらのイモ類を加熱したのち、臼に入れ、竪杵でついて餅状にして食べる。

イモ類を主食とする太平洋の島々では、輪切りにした大木の上部をえぐってつくった臼はないが、丸太を横に割ってくりぬいた槽《ふね》と、短い竪杵のようなつき棒がある。イモ類は、ふだんは焼いたり、石蒸し料理にしたりして丸のまま食べるのだが、祭りのときなどの食事には、加熱したイモ類をこの槽に入れてつき棒でつきくずし、餅状あるいはダンゴ状にして食べる。

日本の古い風俗が残るといわれる地方――たとえば八丈島など――では、正月にサトイモを食べる風習があり、俗にイモ正月と名づけられたり、現在でも焼畑耕作をする山間部の村では、餅のなかにサトイモをまぜてつくる習慣もある。

ところで、中国で餅(ピン)といったら、日本の米のモチではなく、小麦粉でつくった食物のことである。日本のモチにあたるものは、糕（カオ）というが、これは主としてモチ米やウルチ米を粉にしたものをこねて、蒸したものをさすが、キビやマメの粉を使用することもある。すなわち、日本のダンゴやウイロウのつくりかたである。これほど、中国の影響をうけた文化であるにもかかわらず、日本の餅のつくりかたが独特のものであるのはなぜだろうか。

先頃、ある人類学の座談会で話しあっているうちに、一つの仮説ができあがった（宮本常一、中尾佐助、佐々木高明、端信行、福井勝義、石毛直道「焼畑の文化」『季刊人類学』三巻二号、一九七三年）。それは、太平洋諸島のような、イモをつぶして餅状にして食べる風習が、日本ではモチ米でつくる餅にひきつがれたのではなかろうか、という説明方法である。

現在では米食文化圏とされる日本や東南アジアでも、古い時代には現在の太平洋諸島とおなじく、イモ類の焼畑耕作がなされていたのではないか、と推定される。この古いイモ文化では、イモ類を加熱してからつぶした餅状の食物を好んだり、とくに儀礼のときの食物としてイモ餅がつくられた。その後、東南アジアから日本にかけて、イモ文化のうえに雑穀類を栽培する文化が重なるが、これらの地帯の雑穀類では、昔のイモ餅の名残りで、餅のように粘り気の多い品種が好まれる。モチアワ、モチキビのようにモチ種が好まれ、稲作がはいってきたら、モチ米ができる。それにたいして、粉食が主流のムギ作の文化ではモチ種が成立しないし、米でもインドにはモチ米はほとんどない。

　してみると、粉にしてから蒸すのではなく、粒のままモチ米を蒸して、あとで臼でついて餅にする日本のやりかたは、粘り気のある食物を好むイモ文化の流れをくむものと解釈することが可能である。

＊

「南船北馬」のように中国の南北の風俗を比較することばのひとつとして、「南米北麦」という。中国の南部では米が主食となっているのにたいして、北部はムギを主食とすることをしめしている。南部の稲作地帯と北部の麦作地帯を区分するのは、伝統的には秦嶺と淮河をむすぶ線である。

　秦嶺・淮河線の南方が米を主食とする粒食地帯とするのはいいとして、ではその北側はコムギの粉食地帯であった、とはかならずしもいいきれない。中華料理屋で食わせる北京料理――といってもほんとうは日本の北京料理と称するものは広東も上海もごたまぜであるが――では、ウドン、饅頭（マントウ）、焼餅（シャオピン）などのコムギ粉食品がでてくるが、これは金をとって食わせるのだから上等の食物がでてくるのであり、中国北部の庶民が毎日コムギ粉食品を食べていた、ということではない。コムギのほかに中国北部は、アワ、キビ、コウリャン、オオムギ、トウモロコシの雑穀類の産地である。庶民の主食はむしろこれらの雑穀にささえられていた、と考えたほうがよさそうだ。華北はコウリャンとアワ、東北部(昔の満州)はコウリャンが庶民にとっての主食であった。このうち、殷の時代にすでに栽培されていた穀物はアワ、キビ、オオムギの三種類だけである。コムギ、コウリャン、トウモロコシはのちに輸入された作物である。

世界的にみて、粉にして食べるのが主食穀物のふつうの調理法であり、米だけが粒食される、というのが通説である。ただし、中国の北部のムギ・雑穀地帯ではアワ、キビをカユにして粒食する風習がある。そのほか雑穀を粉にして、水で練ったあとでダンゴ状にしてセイロでふかす食べかたもある。

中国で粉食がはじまるのは戦国時代の終り頃、中央アジアからコムギと回転式の石臼が入ってきてからとされる。そこで、ナゾが生じることがある。回転式石臼以前の製粉道具であるすり臼が中国の東北部から朝鮮半島の一部にひろがっている、とさきに述べた。より正確にいえば、現在の内モンゴル自治区から、東北地区、朝鮮半島の北半にかけての新石器時代の遺跡から、すり臼が発見されるのである。それは古代の中国文明圏の外側にあたる地帯である。このすり臼でいったいどんな作物を粉にしたのだろう? ユーマイ(攸麦)とよばれるエンバクを製粉したのだという説もあるが……。

さて、中国でコムギの製粉がなされるようになると、コムギ粉を麺とよぶことになる。のちに、ウドン状の食品の名称としても麺という字が使われるようになり、さきに述べたようにコムギ粉食品をとくに餅とよぶようになる。そこで、日本流の漢字の使いかたとのずれで混乱がおこることとあいなる。焼餅はヤキモチか、シャオピンなのかは、それが中国料理か日本料理かによって判断しなくてはならない。もっとも、中国のほうでも字づらだけでは区別のつかないものがある。切麵(チェンミェン)といえばウドンのたぐいであるが、これを焼きソバにしたら現在では炒麵(チャオミェン)とメニューにでてくる。しかし、炒麵はいっぽうでは粉を煎ったもの、日本でいう麦こがし、ハッタイ粉にあたるものの名称でもある。

西方の世界では、粉食といえばまずパンを思いだすように、粉製品の調理法としては、まず焼くことである。それから、日本のソバガキのように熱湯で練って食べる方法、ダンゴやスイトンのように練った粉を湯で煮る方法、練製品を油であげる方法ぐらいが主な調理法であろう。中国でこれらの調理法につけ加えてあたらしい粉食の方法として開発されたのが、マントウ、焼売(シャオマイ)のように蒸して食べる方法と、麵というとまだ誤解をうけそうなのでウドンのように長くのばした切麵や索麵のたぐいにして食べる調理法である。もっとも、イタリアのスパゲッティのたぐいはマルコポーロ以前からイタリアで独自に発達したという意見もあるようだが。

さて、製粉という仕事には大変労力がいる。ローマでは奴隷や死刑囚に回転式の石臼をまわさせていた。その後、畜力で回転させる臼もできたが、なんといっても水車に臼を連結するようになって製粉業が確立する。四世紀頃になってイタリア各地に粉ひき用の水車小屋ができたという。中国でも最初は奴隷が手廻しで臼をひいていたので粉食はぜいたくであり、隋、唐時代になって西方から碾磑《てんがい》という水車と連結したひき臼の技術が伝えられてから、製粉業が機械化され、コムギ粉がコスト・ダウンされ、庶民もそのおかげをこうむるようになり、長安の市中には揚げパンの露店までならんだそうだ（篠田統『中国食物史』柴田書店　一九四九年）。

お天道さまと米の粒食がついてまわった日本では、回転式の臼は製粉用ではなくモミすり用のものとしてまず普及したのであり、水車と連結したのは回転式の石臼ではなく、米つき用の臼であった。鎌倉時代末以後、手まわしの回転式石臼が流行するのは穀物用よりも、まず上層階級の抹茶ひき用の茶臼であった。江戸時代後期になると、三輪《みわ》などのそうめんの産地では水車と回転式石臼が直結して水車製粉がなされたが、本格的に水車製粉が普及するのは明治からあとなのである。

なんといっても粉食の中心はコムギである。コムギとオオムギを比較すると世界的にはだんぜんコムギのほうが主要作物になっているのにたいして、チベットと日本や朝鮮半島だけがオオムギのほうが重要作物となっている。チベットではツアンパとよぶムギコガシ状の主食のためにオオムギがもちいられ粉食であるが、日本、朝鮮半島では米の飯の増量剤としての粒食、つまり麦飯としてもちいるためであった。というほど、わが国では粉食は進まなかった。

祭りの食べ物には、ソウメン、ウドン、ダンゴなどの粉製品がもちいられることが多い。昔は「ハレ」の日の御馳走に粉をひいたのだ。それほど、手まわしの石臼をひくのは手間がかかる仕事であった。

追記　近頃の中国での発掘の結果、すり臼は華北平野の早期新石器時代遺跡にも分布することがわかった。アワの製粉に、すり臼がもちいられたと考えられている。ところが、中期新石器時代になると、アワを主作物としていたことはおなじなのに、華北平野からすり臼は姿を消す。そのかわりに、中期新石器時代になると、穀物を煮たり、蒸すのに使用される土器が急激に増加する。アワを粉にして焼いて食べることから、アワを飯や粥にして食べることに変化したためであろう。この粉食から粒食への移行の理由は、あきらかではない。

蒸したモチ米をついてつくる日本流のつき餅は、中国の江南地方と台湾、南西中国から東南アジア山岳部の少数民族のあいだに点々と分布し、朝鮮半島では、米の粉を蒸してつくった餅とつき餅の両方がある。

おそらく、モチ米を杵でついてつくる餅は、インドシナ半島から長江流域にかけての稲作地帯で成立した食品で、稲の伝播とともに朝鮮半島や日本にまで伝えられたものだろう。その後、華北の粉食地帯から回転式の石臼が普及すると、中国の中心部では、米の粉を蒸してつくる餅状食品が、重労働をともなうつき餅づくりにとってかわった。しかし、日本のように粉食が普及せず、粉ひき用の回転式石臼の導入がおくれた中国文明の辺境に位置する地域や、粘りけのあるモチ米製品への嗜好がつよい地域に、古い風習であるつき餅をつくることが残存した。というふうに、わたしは考えている。

煮たきする道具

竹筒や樹皮のナベ、カマ

ジャワ島で竹筒で炊いた飯を食べたことがある。太い竹筒のなかにモチ米とさまざまな香料、水を入れて立てかけ、炎にかざして飯を炊くのだ。できあがったら、ナタで竹筒を半分に割ると、円筒形をしたご飯があらわれる。ほのかに竹のにおいがして、甘く味つけしたモチ米のご飯は、主食というよりもお菓子のようで、チマキを思い出した。

ベンガル湾のニコバル諸島では、樹皮をつづり合わせて作った容器を火にかけて、ナベとする。北米の原住民には、水もれしないように目のつんだ編み方で作ったバスケットのなかに焼き石を投じて、食べ物を煮たきする部族がいた。日本海側の漁村でも、曲物の容器に焼き石を入れてサカナの汁をつくる地方がある。

竹筒、バスケット、樹皮製の容器などが、食べ物を煮たきする道具として使用される場所は限られており、世界的にみると局地的な現象のようである。これらの道具は、現在のナベ、カマの代用品、またはナベ、カマを持たない文化のなかで各地で発達した道具と考えるべきであろう。

現在のナベ、カマの直接の祖先は土器である。粘土をこねて容器をつくり、それを焼いて素焼きの壺やカメを発明したときから、食べ物を煮たきすることが、料理の主流となりはじめたのである。それは、新石器時代になってからの出来事である。現在までに発見された世界最古の土器は、約一万二千年前の日本の縄文土器であるといわれる。それまでの百万年以上の歴史をもつ旧石器時代には、食べ物を生で食べるか、直接火にかざして焼いて食べるか、の基本的にはふたつの食物処理の方法しか人間は知らなかったといわれるのがふつうである。しかし、のちに述べる石蒸し料理は後期旧石器時代から存在していた可能性がたかい。

イラク族の土ナベ

東アフリカのイラク族では、土器作りは女の仕事となっている。女だったらだれもが土器をつくるというわけではない。村のなかでも、とくに土器作りの上手な女がいて、畑仕事の合い間に土器をつくっては食物と物々交換をしたり、現金で売ったりして、主婦のアルバイトとなっている。料理用の土器には、深い壺と浅い鉢の二種類がある。深い壺は、湯をわかして、そのなかにトウモロコシの粉を入れ、かたく練った主食をつくるためのものである。浅い鉢はおかず作り用のものだ。つまり、ナベとカマの区別があるのだ。

素焼きの土器は、そのままでは水もれがする。そこで、新しい土器を使う前には、土器の内側、外側に牛の脂肪をよくすりこんで、水もれをふせぐ。新しい土器で煮たきした食べ物は、女だけで食べるという土器の使いぞめの風習がある。

現在、イラク族の間では、金属製のナベが土器と交代しつつある。いま使っている料理用の壺がこわれたら、新しい壺を入手することをせずに、かわりに商店からアルミ製のナベを買ってくるのだ。なんといっても素焼きの土器は、取り扱いがたいへんである。手荒に扱ったら、すぐ割れてしまう。あと数年もしたら、イラク族の台所から料理用の土器は姿を消すであろう。

イラク族の話では、アルミのナベで煮たきしたものよりも、土器で料理した食べ物のほうがおいしいそうだ。このことを聞いたとき、土ナベでたいたご飯がおいしいという、日本での話を思い出して、イラク族もなかなか食通であると感じたことだった。

トンガの石焼き料理

容器を使用せずに食べ物を煮たきする方法がある。ニューギニア高地人やポリネシアの島民の間で発達している石焼き料理である。南太平洋のトンガ王国では、ヤムイモが主食で、ほかにタロイモ、パンの実、ブタ、ニワトリ、魚類、貝類がよく食べられる。現在では、日常の食事には、輸入品の金属製ナベを使って料理をする。しかし、お客を招いて宴会をする場合や、日曜日に教会から帰って食べるサンデー・ディナーには、かならずウム料理とよばれる伝統的な料理法が行なわれる。

トンガ人が御馳走をつくろうというときには、まずスコップをとりあげて庭に大きな穴を掘る。穴のなかにタキギを入れて火をつけ、このタキ火の上にニギリコブシぐらいの石ころをたくさん置いて、石がまっかになるまで熱して、焼き石をつくるのだ。

焼き石ができたら、タキギの燃えがらを穴の外へおしやって、焼き石の上に食べ物をならべる。ヤムイモ、タロイモなど、イモ類は、直接焼き石の上へ置く。魚や肉類は、ココナツ製のソースであえて、タロイモの葉でくるみ、イモ類の上に置く。つまり、クッキング・ホイルに包むのと同じ原理だ。食べ物を穴のなかに詰め終ったら、その上にココヤシの葉を何枚もかぶせる。ふたたびスコップをとりだして、ココヤシの葉の上に土を厚くかぶせてしまう。

こうして、地面を容器として、焼き石を熱源とした一種のオーブンのなかで、食べ物を蒸し焼きにするのである。一時間以上たってから、ころあいをみはからって、かぶせた土をはらいのけ、食べ物をとり出す。食べ物自体の持っている水分で蒸し焼きにするので、材料の持ち味が外へ逃げることがなく、たいへんおいしい。

ナベ、カマのうつりかわり

わが国では、縄文時代から土器が煮たきする道具として使われていた。縄文時代早期の遺跡からは、尖底《せんてい》土器とよばれる底のとがった円錐形や砲弾形の土器が発見される。なかには底がテングの鼻のように長くつき出たものさえある。底がとがっていては、平らな場所へ置くことができない。どうして、こんな妙なかっこうの土器がつくられたのか、ということについてはいくつかの解釈があった。土器の製作技術が進歩していなかったので、平らな底の土器をつくれなかったという説、縄文時代早期の人々は、獲物を求めてあちこちと移住したので、編袋のなかにすっぽり入れて運搬するのに便利なように、底のとがった土器をつくったのだという説など。

ところが、横須賀市の夏島貝塚の住居跡の炉のなかに、尖底土器が突き立てられた状態で発見されたことで、問題は解決された。すなわち、炉のなかにとがり底の部分を突きさして、煮たきに使用したのである。

奈良時代になると、寺院や宮廷では鉄や銅でつくったナベ、カマが使用されたが、民衆はやはり素焼きの土器のナベ、カマを用いていた。鎌倉時代でも、金属製のナベ、カマは民衆にとっては貴重品であり、戦争のとき、戦利品としてナベをぶんどったり、カマをぶちこわしたりしたのである。

「月夜にカマをぬかれる」とは、月夜にカマを盗まれることから、たいへんな油断をすることのたとえであるが、近世まではカマはだいじな品物であったのだ。つい最近まで、ナベ、カマ修繕を専門とする人たちが町や村をまわっていたが、コウモリ傘直しが町から姿を消すよりもはやく見られなくなってしまった。

カマドにかけるためのツバがついた羽釜《はがま》も、家庭から姿を消しつつある。それにとってかわった電気ガマ、ガスガマは日本的な発明品であり、近頃は同じ稲作地帯であるアジア諸国にも普及しはじめている。

＊

ナベ、カマなしで飯を炊く、こんな忍法みたいな秘術が、登山家や探検家の心得として必要なのだそうだ。中学生がそう思いこむのはいいとして、大学のワンダーフォーゲル部の学生などが、まともにこんな俗信をうのみにして、さてどうやってナベ、カマなしで飯を炊くべきかをまじめに質問においでになる、となると困ってしまう。だいたい、登山とか探検といった行動は、きわめて計画性を重んじる性質のものである。飯を炊く道具を持たずして、生米だけかついで山へ登ったり、探検にでかける、ということは考えられないことなのだ。

ナベ、カマなしの飯の炊きかたを野外生活をするさいの心得とすべし、という俗信の発生源は、たぶん戦前の少年雑誌のコラム記事あたりだろう。それには、竹筒で飯を炊く方法や、セロファン袋に米と水を入れて、たき火の上からぶらさげる方法などが紹介されていた。これらは、実用の炊事法というよりも、せいぜいキャンプ生活での遊びとして受けとっておいたらいいだけのことである。しかし、これが戦国時代の下級武士などになると、ぐっと現実味をおびてくる。この頃、戦陣での食糧は自弁が原則であった。

足軽を何人もひきい、ナベ、カマを持たせて炊事させることができる連中ならよい。家来もろくに持たずに出陣したり、一匹狼で個人で戦陣に参加する者にとっては、重たい武装のうえにナベ、カマまでぶらさげることができないことがある。

江戸時代の兵法、軍法の本などに、ナベ、カマなくして米を炊く法、が記されている。竹の筒に水と米を入れて、栓をして、筒をまわしながら火であぶれ、という方法。桶に米と水を入れ、そこへ焼き石を放りこんで飯を炊く方法。米をムシロやコモにくるんで水に浸して、浅く土中に埋めそのうえでタキ火をする方法。同様のやりかたとして、ぬらした米を手ぬぐいにつつんだり、布の袋に入れる、あるいは青い柴草をこまかに編んだものにくるむ、などの処置をほどこして、土中に埋めて、その上でタキ火をする。

陣笠をひっくりかえして、あごひもを木の枝からぶらさげて、火の上にかざし、イロリの上からぶらさげたナベとおなじように使用する方法もある。第二次大戦後、焼跡で鉄カブトをナベの代用として使用したのと、おなじことだ。ついでながら、ジンギス汗の軍隊がカブトで羊肉を焼いたのが、ジンギス汗ナベの起源である、という俗信があるが、これはウソである。だいいち、モンゴル人は火には火の神が宿っていて、肉を火で焼いたら火がけがれるといって、焼肉はつくらない。羊肉は骨つきのまま大ナベで水炊きにするのが、ふつうの料理法である。中国では烤羊肉(カォヤンロー)というジンギス汗料理は漢人のつくった料理法であり、ジンギス汗になぞらえた名前は、戦前北京を訪れた日本人たちが流行らせたものである。

数日間の合戦のさいにも、重く、かさばるナベ、カマを持っていかなければならなかった理由はなぜか。それは、米を主食としている日本人には、長期保存が可能な携行食糧が発達していなかったからである。

パン食の文化では、パンそのものが保存食品である。毎日、焼きたてのパンを食べることができるのは、現代でも都市に住む者だけのことだ。パンは一週間に一度とか、十日に一度焼いたものを、保存しておくものである。昔のフランスでは、寄宿舎の生徒に半年分のパンが一度に支給され、それをハンマーでつぶし、水に浸して食べた、という話もある。パンの水分をぎりぎりまで減らして焼くと、ビスケットになる。ビスケットは長期の航海や戦場での食糧として発達したものだ。

パンといっしょに食べるハム、ソーセージ、チーズも長期保存に耐え、携帯に便利な食品である。そこで、味について不平さえいわなければ、まったく火を使わないで何日もすごすことが可能な食事体系となっている。

ところが、米食ではこうはいかない。ホシイイとかカレイイとか、しゃれて道明寺という代物があることはある。米を蒸したり、炊いたりしたものを乾燥したものだ。現代ふうにいえばアルファ米のことである。これを、水や湯にふやかして食べるのであり、旅行のさいの携行食としてもちいられた。このごろでは、ポップコーンみたいにふわふわして、水をよく吸収するアルファ米がつくられ、カップ・ライスなどといって売られるようになったが、これも湯をかけてもどすから食べやすいのである。吸水性が悪いホシイイを、火を使わずに、水だけかけて食うということになったら、ナミダでほとびにけりということにあいなる。だいいち、こんな腹にたよりのないものを食べていては、合戦をする元気がでない。ということで、戦場にもナベ、カマを持ちこまざるを得ない。

日本人の食事体系は、あたたかく、水気がある食物を主流としている。昼食用のスナックを考えても、スシとザルソバ、ソウメンの類をのぞくと、あとはウドンにしろ、ドンブリ物にしろ全部がこの条件にあてはまる。チーズやハムのサンドイッチですませられる食事体系とは異なっているのだ。だいいち、なんといっても飯はあたたかいのが身上だ。また、味は別としても、飯は保存ができない。夏なら一日もたせるのがせいぜいである。そこで、日本人の食事はできることなら、毎回火を使って調理することが望ましい。

弾丸が飛んでくる戦場でも、飯を炊かなくてはならないという必要に応じて、登場した新兵器がハンゴウであった。アルミニウムという軽い金属の大規模の実用化が日本でまずなされたのがハンゴウである。ハンゴウは日露戦争の最中に出現した。

ヨーロッパの軍隊にもハンゴウ状のものはあるが、それはスープ類をあたためるのに使用するのが主な用途である、という。それにたいして、日本のハンゴウは、はじめから主食の料理具――一人前の飯を炊くカマとしての用途を主としている。ハンゴウの容量は二食分四合の米を炊くことができる規格になっている。ナカブタに一杯米を入れると二合分入り、それにフタに一杯の水を入れると二合の米を炊くにいい水加減ができる。この分量を倍にすると四合の飯が炊け、そのうちの半分を食べ、残りの半分を次の食事にあてるというわけだ。

スイス式ハンゴウとかいって、フタに取手をつけて目玉焼くらいつくれるようになったものが、登山用品の店にならんでいるが、現在自衛隊が使用するハンゴウもこの形式になっている。

探検や野外調査にたずさわる機会が多いわたしは、ハンゴウを愛用しているように思われがちであるが、実はハンゴウはほとんど使わない。長期の野外生活には、ハンゴウは使い勝手の悪い道具なのだ。しょせんは、一人前の飯を炊くだけの道具であり、開口部がせまく、深い形状は飯炊きのほかの用途には適さない。ハンゴウで飯を炊くだけで、あとのおかずは佃煮ぐらいで間にあわすという短期の山登りくらいにしか役立たない。野外に腰を落ちつけて、毎日の食事を楽しむ生活を送るためには、やはりふつうのナベをそろえて炊事をしたほうがよろしいのだ。

ハンゴウとならんで、現在の日本人の食事体系を象徴するのが自動炊飯器だ。

自動炊飯器はすでに香港や韓国にはかなり浸透している。各国の経済的事情が好転するとともに東南アジアその他の米食民族のあいだにさらに普及していく可能性をもつ。しかし、またそこで使用する米の種類や伝統的な米の炊きかたに応じて改良された器種をつくることが必要となろう。日本で生れた自動炊飯器はジャポニカ種の米を、ねばりけのあるように炊きあげることを目的としてつくられており、インディカ種の米をサラリと炊きあげるための道具ではない。

ハワイで偶然、日本の家電メーカーの駐在員と会って、よもやま話をしたことがある。駐在員氏の話では、不況でテレビやクーラーなどがさっぱり売れないのにたいして、ハワイに住む人々のあいだには自動炊飯器はほぼ出まわっているにもかかわらず、それでも売りあげがどんどんのびている、とのことだ。その理由は、ハワイに観光にやってきたアメリカ本土の人が買って帰ったり、本土の友人への手頃な値段のプレゼントとして送るからだとのこと。ハワイへやってきた人は、いやおうなしに米を食べさせられ、米の味を覚える。しかし、一般のアメリカ人は米の炊きかたを知らない。だが、自動炊飯器がぜんぶやってくれるということを知って、買うのだそうだ。日系人、中国系人が多いハワイでは、飯が常食化している。レストランで洋食を食べるときでさえ、黙っていても半球形の型にぬいた飯がついてくるのだ。

蒸す道具

砂漠の茶わん蒸し

ヨーロッパやアメリカのふつうの家庭の台所には、食べ物を蒸すための専用の道具はない。アメリカ人向けに書かれた中華料理のクック・ブックを見たら、セイロのかわりに、ナベの底に台を置き、台の上に食べ物をのせた皿を置いて、その下に水を張り、ナベにふたをして蒸して、肉マンジュウを作る方法が書かれていた。この記事を見たとき、わたしは砂漠でつくった即席蒸器を思い出したことであった。

リビア砂漠のなかのオアシスで調査をしていたときのことである。

腹痛をうったえる老人に胃腸薬をやったところ、お返しにタマゴをもらった。なんとちっぽけなタマゴなのだろう。なにしろ放し飼いで、屋根の上にまで飛び上がるニワトリのことだ。タマゴの大きさもピンポン玉くらいしかない。このオアシスでは、ニワトリを飼う家がすくないので、タマゴは貴重品だ。

同じ日、砂漠にはえる松露《しょうろ》の到来品があった。砂漠に放牧していたラクダをオアシスに連れ帰ってきた村人からの贈りものである。

タマゴに松露のとり合わせとなると、茶わん蒸しをつくるのがいちばんだ。アナゴかハモが欲しいところだが、なにしろ地中海から七〇〇キロ離れた内陸の砂漠のことである。川魚を手に入れるにしろ、千キロ南へ行ってチャド湖の魚を釣ってこなくてはならないところだ。スペイン産の干しダラをもどして具に使うことにした。三つ葉どころか、菜っ葉類の青野菜を栽培する習慣のないところである。添えものの青味としては、ヒツジの餌のウマゴヤシを失敬することにした。

さて問題はどうやって蒸すかということである。探検用の炊事用具に、セイロや蒸器などというしゃれた道具があるはずはない。大きなアキ缶にクギで穴をあけてナベ底に敷いて、即席の蒸器をつくり上げた。アキ缶というものは数々の重宝な使いかたがあり、同様に大根おろしをアキ缶でつくったことは、さきに述べた。

久しぶりのタマゴ料理である。砂漠の松露の香りのする茶わん蒸しの味はすばらしかった。

中国ではセイロが必需品

清蒸鯛魚(蒸し鯛)、清蒸蟹(蒸しガニ)、清蒸獅子頭(ブタ肉の大きなダンゴを蒸したもの)、などと、中華料理のなかには蒸しものが目立つ。そういえば、マントウ、シュウマイなどおなじみの点心類にもセイロで蒸しあげた料理が多い。

戦前中国を訪れた人の話だと、田舎のどんな貧しい家の台所にも、かならずセイロがあったそうだ。中華料理の材料や味は複雑なのに、それを調理する道具はいたって単純である。料理屋の手のこんだ御馳走でも、包丁、まな板、中華ナベ、セイロ、菜バシ、しゃくし、へら、麵杖(麵棒)——これだけの単純な道具を使いこなすことによってつくられる。

それだけに、セイロは欠かすことのできない炊事用具となっている。だいいち、華北ではウドン類とならんで、主食のようにして食べられるマントウ類も、セイロで蒸してつくるものだ。

中国でふつうに用いられるセイロは、円形枠の底に竹の簀子《すのこ》をとりつけたもので、何段も重ねて用いられる。山形に盛り上がったふたも竹の皮を編んでつくられており、編目のあいだから適当に蒸気が逃げるので、しずくが落ちない。中華ナベの上にのせて使うが、途中で水がすくなくなったら、セイロをはずすことなくナベのふちから、水を足すことができる。この頃は日本の台所にも中華ナベが普及しているが、ナベの口径に合わせたセイロもそろえたらいかがだろう。

鬲《れき》という三脚のうえに壺状の胴体がつき、脚が中空で袋状になっている土器がある。この土器の三脚のなかに水を入れ、三脚の下から火を燃して水蒸気を出す。壺状の胴体の上に甑《そう》(コシキ)をのせる。このような素焼きの蒸器が発見されたことから、中国では新石器時代から食物を蒸して食べていたことがわかる。

春秋戦国時代までは、水を使って食物の加熱をするときには、煮るよりもむしろ、蒸すほうが主流であったらしい。素焼きの土器を使って煮ると、食物が泥くさくなる(篠田統「古代シナにおける割烹」『中国食物史の研究』八坂書房、一九七八年)。論語にも、「煮食は薄膳なり」と、煮た料理は蒸した料理にくらべたら、安っぽいものであることをうかがわせる文句があらわれる。

米は蒸して食べた

日本でも古墳時代に甑《こしき》形土器が発見され、平安時代にも使われていたことがわかっている。甑形土器というのは、底に穴があけられた深鉢形の素焼きの土器である。底の穴の上に麻布か簀子を敷き、洗いあげた米をつめ、ふたをして、水を入れたカメ状の土器の上に重ねてかまどにかける。カメ状の土器からあがった湯気が穴を通して甑のなかへ導かれ、米を蒸す。セイロで強飯を蒸すのと同じ原理である。

その後、鉄釜の普及とともに、甑形土器は使われなくなり、円形あるいは正方形の木製の枠をもつセイロにとってかわられるようになった。それでも、昔の名称が残り、木製のセイロのことをコシキとよぶ地方もある。

日本のコシキやセイロは、もともとは主食の米を蒸すものであった。昔は、米は現在のように水で炊いて食べるのではなく、水蒸気で蒸して強飯にして食べるのが正式であった。現在のようなやわらかく炊いた飯——姫飯が一般化するのは平安時代後期以後のことである。

日常の食事に強飯を食べないようになってからも、セイロはいぜんとして重要な台所用品でありつづけた。祝い事の赤飯をつくるとき、モチつき用にモチ米を蒸すとき、酒や味噌つくりのときなど、大きなセイロがなくてはならなかった。酒や味噌を自家生産せずに、買って間に合わせる近世の都市民でも、セイロがないのは、賃モチを買う長屋の住人くらいであった。

昭和二十年代以後、農家の土間の大きなカマドがなくなることと歩調を合わせて、セイロは台所から消えていった。赤飯もモチも買って食べる時代になりつつある。アルミ製の蒸器もない台所がふえている。茶わん蒸しくらいだったら、自動炊飯器でつくったらよい、ということになってきた。

北部タイおよびラオスでは、モチ米が多く栽培され、強飯が常食化している。水を入れた壺の上に、木製のコシキを置いて蒸しあげるのだ(渡部忠世「タイにおけるモチ稲栽培圏の成立」『季刊人類学』一―二、一九七〇年)。もしかしたら、東南アジアにおける初期の稲作はモチ米を主体にしたものであり、そこで東南アジアから稲作が伝わった地帯では、米の料理法として強飯が各地で採用されたという説も仮説として考える必要があるかもしれない。

こうしてみると、食物を蒸して食べるための特別な道具が分布するのは、東アジアおよびそれに接する東南アジアの一部ということになる。日本、中国南部、東南アジアでのこれらの蒸器は、飯炊き用の道具としての使用法が主流であると考えてよいだろう。ただし、それが、新石器時代にまでさかのぼる中国北部での蒸器とどのような系譜でつながるかについては、まだよくわからない。古代の中国北部は、稲作地帯からはずれていたのである。

あと世界で蒸器を使用するのは、北アフリカのモロッコ、チュニジア、アルジェリアのいわゆるマグレブ地方である。マグレブでは、ひき割りムギの粉を細かい粒状にこねたクスクスの料理をする。クスクスは蒸してからシチュー状のソースをかけて食べるのだが、現在ではクスクス専用のアルミ製の蒸器が出まわっている。

ところで、はじめに述べたように西洋の台所には、ふつう食物を蒸す専用の道具はない。料理技術そのものに「蒸す」というやり方がないのだ。フランス料理の用語でポシャージュということばがある。蒸し煮と訳されている。おもに、魚料理に使われる方法であるが、少量のブイヨンをナベに入れてふたをし、ふっとうする寸前の温度で煮ることを意味する。食品自体の持ち味を液体に溶かすことなく、水蒸気だけを使用して加熱する、わたしたちの蒸しものとはまったくことなっている。

ヨーロッパには、蒸す料理法がないかわりに、おなじく食品の持ち味を外に出さずに加熱する技術で、わたしたちの持たない料理法がある。それは、オーブンを使用することである。

オーブンのいちばん大切な役目は、パンを焼くことにあった。してみると、蒸す技術とオーブンで焼く技術は、主食の調理法に関連をもちながら、世界の東西で対比させられる料理法と考えることができる。

＊

年間四十万人ほどの日本人がおしかけるとのことなので、香港で飲茶(ヤムチャ)を試みた人も多いことであろう。文字づらだけをみれば、飲茶とはお茶を飲むことだ。たしかに、お茶も飲むにはちがいないが、実際はお茶にともなう点心を食べることがお目あてであり、飲茶を売りものにする店でも茶代でかせぐわけではなく、料理を主体にした商《あきな》いをしているのだ。

もともとは茶館とか茶楼とよばれる喫茶店兼スナック屋のようなものが飲茶を供したのだが、近頃では酒楼とか酒家とよばれるレストランや、酒店、飯店とよばれるホテルの食堂でも昼間は飲茶を売りものにするようになった。東南アジア諸国でも華僑の店で飲茶を食べられる。

飲茶を供する店のテーブルにすわると、黙っていても茶とハシ、小皿のたぐいを持ってくる。店のなかにはボーイやウェイトレスが何人かうろうろしていて、さまざまな点心類の入った盆を持って食卓へ寄ってくる。この頃では、点心類を満載したワゴンを押してくるところも多い。盆なり、ワゴンのなかから、自分の好みに応じた点心をえらびとる。すくなくとも十数種類、多ければ三十種類くらいの点心を数種類ずつ、入れかわり立ちかわり見せにくるので、実物の料理をえらぶ楽しみがおもしろい。ヴァイキング料理が出前でやってくるみたいなものだ。

一皿の料理の量はすくない。小皿にちょぼちょぼとならべた程度のスナックで、女性でも五品くらいは食べないと満腹しない。すこしずつ、たくさんの種類の料理が楽しめるしかけになっている。小エビをすりつぶしてノリで巻いた焼売、牛肉の焼売、野菜をきざんで具にした焼売、表面を四弁の花びらのように細工し四色の異なる具をならべた焼売、……といったぐあいに焼売だけでも数種類はある。蒸し餃子のたぐい、春巻のたぐい、肉入りのチマキのたぐい、鶏肉を紙で包んで蒸したもの、デザート用の菓子類、小さな碗に入ったスープなど、飲茶は中国式スナックの見本市である。

多くの料理は、直径一五センチほどの小型のセイロに入れてもってくる。小ぶりの焼売が五個ならぶほどの大きさである。焼売、餃子のたぐいはセイロの簀《す》に直接ならべ、セイロそのものが食器となっている。肉料理やスープは小皿や小型の碗に入れてセイロのなかに入れられている。セイロの蓋をとると湯気がほかほかあがる。セイロに入れて蒸気をあてておくことによって、いつもお客にあたたかい料理を即座に供することができるのだ。

飲茶の勘定は、食卓に積みあげられた小皿やセイロの数でおこなう。

中国物産展で飲茶用のセイロを手に入れた。これを利用して、わたしはときどき特製のウナギ弁当をつくる。セイロのなかに飯をつめ、その上にカバ焼きをのせておく。前日、市場で買ってきた安物の冷たくなったカバ焼きである。セイロにふたをしてフロシキでくるんで出勤。昼食どきになったら、電熱器にかけたヤカンのふたをとって、その上にセイロをのせておく。このとき、カバ焼きについてきたビニール袋に入ったタレ汁をカバ焼きの上にかけることを忘れてはならない。

わたしは大阪近辺に住んでいるので市場で売っているのは関西風のカバ焼きである。関東風とちがって、ウナギを腹開きにして、タレをつけて長焼きにしただけで蒸してないものだ。ヤカンから湯気があがるにつれて飯といっしょにウナギが蒸されてやわらかくなり、ウナギの脂が飯のなかを通ってゆく。余分な脂やタレ汁は簀の間からしたたり落ちて、ちょうどうまいぐあいに飯にウナギの脂とタレ汁の味がついたところで、九州は柳川名物のウナギのセイロ蒸しのできあがり。

こうやって細工すると、市場のオッサンがやっつけ仕事でつくったカバ焼きでも、名のあるウナギ屋のウナ重にそれほどひけをとらない味に化けてくれる。すくなくとも、冷たくなった出前のウナ丼をとるよりは、ずっと安くてうまい。セイロをヤカンの上にのせるだけだから手間もかからないのだが、ただ一つ難点はあとでヤカンをよく洗っておかないと、カバ焼きのにおいのするお茶を飲まされた者にうらまれる破目になることだ。

飲茶とおなじくセイロを食器に使うのは、モリソバである。現在ではモリソバとザルソバのちがいはノリがかかっているかどうかくらいのちがいになっている。それだけのちがいにしてはノリ代がばかに高いという気がするのだが、それはともかく、ザルソバとモリソバはもともとは、ノリの有無で区別されたのでもない。十八世紀後半、江戸深川の伊勢屋のザルに盛ったソバが有名であったので、その名がセイロソバの上等品の名前に使われるようになっただけのことである。

現在では、モリソバ、ザルソバを盛るセイロに円形をしたものが多いが、もともとは四角形のセイロがふつうであった。日本では四角形のセイロが一般的であったので、それがソバ屋のセイロにまで受けつがれたのである。円形のセイロがソバ屋で用いられるのは明治以後のことである。

ソバは水きりのためにセイロに盛るのだと考えられがちであるが、実はソバ切りの料理法の古いやりかたの名残りをしめしているのがセイロにソバを盛るならわしである。ソバがきや、ダンゴ、ソバ飯などの食べかたではなく、ウドンのように長くしてソバを食べる方法、つまりソバ切りは江戸時代になって普及した食べかたであるが、ツナギが工夫されてゆでても切れないソバになるまでは、ソバ切りを蒸していたのだ。元禄時代までは、江戸ではソバ切りをつくるのは菓子屋の副業であったという。粉を練ったり、のばしたりするのは菓子屋の得意な仕事である。また、和菓子の製造にはセイロが主役となっている。年中セイロをふかしている菓子屋でソバを蒸したのだ。

そんなわけで「セイロ蒸しそば切り」とか「蒸蕎麦切」といった名が江戸時代の本にあらわれる。昔、菓子屋で商った蒸しソバのセイロがソバ屋の食器としてうけつがれた。

セイロなら簀は底にあるものなのに、ソバのセイロは上げ底になっている。その理由は天保年間にソバ屋一同がお上にソバ代値上げの陳情をしたところ、値上げは許されないが、

「セイロを上げ底にして苦しからず」という現在でもよくある実質的値上げ許可がでたという。セイロが上げ底になってから「モリソバ」という名称が生れた、という(植原路郎、薩摩卯一編『そばの本』柴田書店、一九六九年)。

積み重ねたソバのセイロで代金の勘定をするのも、飲茶とおなじであったが、現在では食い盛りの若者たちはセイロの高さを競うよりも、大盛りのラーメンを何杯食えるか、というほうに興味をもつようだ。

オーブン

オーブンの歴史

人類が火を利用することを知ってから、料理の歴史がはじまった、と考えてよいだろう。最初の料理はけだものの肉を、直接炎にかざして焼くことだったにちがいない。焼肉は最初の料理で、しかも永遠につづく料理法として残った。近頃は「バーベキュー」という名前で、この原始的な料理法がもてはやされている。

つぎに登場したのが焼き石を利用する料理法であろう、とわたしは推測する。タキ火で石ころを熱したら、火が消えたあとでも石にたくわえられた熱を利用することができる。この焼き石の上に直接食物をのせて焼いたり、太平洋の石焼き料理のように穴のなかに焼き石と食物を入れて密閉してしまい、焼き石の余熱で食物を蒸し焼きにする。焼き石を利用した料理法だと、タキ火の炎に食物を直接かざしたときのように黒こげにしたり、灰だらけにせずにすむし、つきっきりで燃料を補給しなくてもすむ。

新石器時代に土器が出現すると、食物に水を加えて煮る料理法が可能になった。土器はのちにはこわれにくい金属製のナベに進化し、煮るという料理法が世界中で基本的な食物調理の技法となっている。水のかわりに、容器に油脂を入れることによって、煮ることの変化形として、揚げる、炒めるなどの料理法が発達した。

煮る技法の発明ののちに成立した、料理における基本的な熱処理の方法として、蒸すこと、オーブンを使う技法がある。蒸すことが水蒸気を利用して約百度の熱で食品加工をするのにたいして、オーブンは水気なしで、閉じた空間のなかに百度以上の熱気をたくわえて、そのなかに入れた食物をあぶり焼きにする。

風呂にたとえるならば、煮ることはお湯につかるやりかたであり、それは今日の世界では一般的な湯浴みの方法である。セイロなどで食物を蒸すことは、湯を沸かしてその湯気を利用する蒸気浴――本来のトルコ風呂のたぐいである。すると、オーブンで料理することは、サウナなど百度以上の熱気で汗を流す、熱気浴ということになる。

ユーラシア大陸でいえば、食物を蒸す技法が東アジアを中心に発達しているのにたいして、オーブンの利用は西アジアからヨーロッパに発達している。

手づくりのケーキやパンを焼くことがはやるようになって、オーブンをよく使う女性がふえたようだが、つい近頃までは、わが国の家庭ではオーブンはレンジの飾り物のような状態であった。オーブンを使うのは、クリスマスのトリの丸焼きをつくるときなど、御馳走づくりをするときだけで、月に一回くらいしか利用しない、という家庭がふつうではなかっただろうか。

オーブンの使い道といったら、ケーキ、パンのほかは肉やトリのローストとグラタンだけ、と考えている人も少なくないようだ。オーブンは焼き物だけに利用するものではなく、オーブンで煮物もできることをご存知ない人が多い。オーブンが台所の必需品となっている欧米の主婦は、じつに気軽にオーブンを利用する。長時間煮こまなくてはならない料理をするときには、ナベごとオーブンのなかに入れてしまう。オーブン全体を温めるのは裸火にナベをかけるよりも、燃料費がかさむように一見思えるが、外気と遮断され熱が逃げないので、案外経済的である。欧米ではナベを買うときには、オーブンに入れることを考えて、大きさを考え、取手も金属製のものがよく選ばれる。

欧米では、どの台所にもオーブンがあるかわりに、蒸器はふつうない。以前までは、わが国ではちょっと赤飯を炊いたり、餅をつくるためのセイロがどこにでもあったのと対照的である。中国の家庭では現在でもセイロが必需品である。セイロは蒸し物のおかずをつくるほかに、マントウなどの主食を料理するために必要なものなのだ。マントウなどの小麦製品、強飯、餅など、主食の調理法にともなって、東アジアでは蒸す料理が発達した。

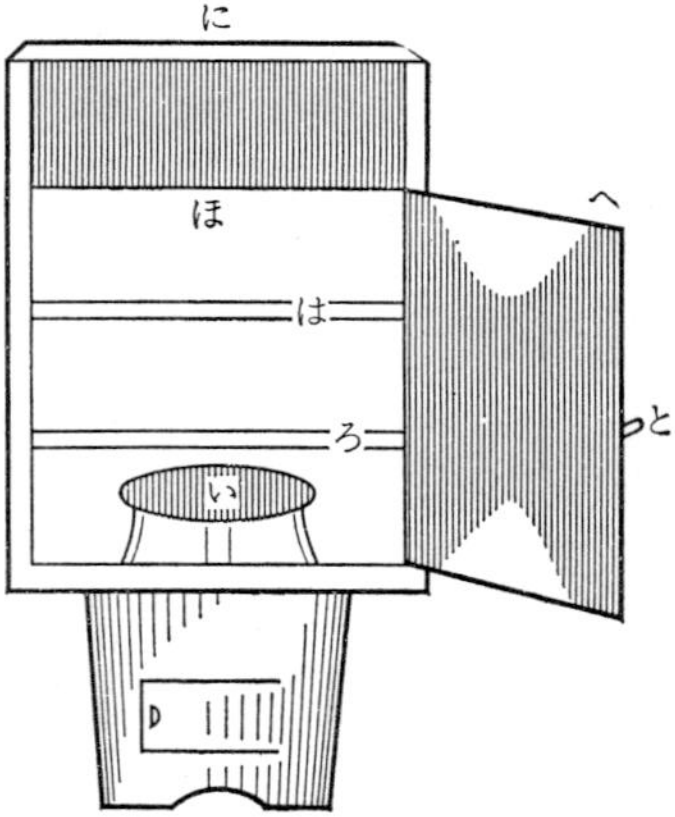

それにたいして、オーブンはもともと、パンを焼くための道具として発達したものである。近頃、わが国でオーブンが普及しだしたのはガスレンジの発達にともなうものであるが、それがパン食の進行とほぼ同時期にあたることは興味深い現象である。

　わが国では、戦前はよほど洋式かぶれした金持ちの家にしかオーブンはなかった。右の図は、明治三十七年初版、大正元年に四版を出した『常盤《ときわ》西洋料理』というクック・ブックの目次のつぎのページにあげられたオーブンの図である。なにはともあれ、ちゃんとした西洋料理をつくるにはオーブンが必要です、というわけだ。この図にあげられたオーブンはブリキで水屋のようなものをつくり、それをコンロの上に置くしかけになっている。図の「は、ろ」と記されているところが天板にあたり、「へ」が開き戸、「と」が取手で、「い」は丸い鉄板に足をつけてコンロの上に置く装置である。説明文には「オブンは何所《いずこ》のブリキや《ママ》にても拵《こしら》へ得べし、又《また》パンや菓子《かし》を製《せい》するに用《もち》ふるブリキの型《かた》も同《おな》じくブリキ屋《や》にて拵へ得べし」とある。オーブンやケーキ型をつくることからはじめなくてはならないのだから、当時ちゃんとした西洋料理を家庭でつくるのはほんとうにたいへんなことだったろう。

オーブンとパン食文化圏

最初のパンは、パン焼き用のカマドを用いずに焼かれていた。エジプトの古王朝では火を燃やしたあとの灰の上や、扁平な焼き石の上でパンを焼いたといわれる。インドに、チャパティといわれるイーストの入らないパンの祖先に近い主食がある。これはコムギや雑穀製のセンベイのようなものであるが、焼き石や熱した鉄板の上で焼く。

サハラ砂漠のなかで遊牧しているトアレグ族に聞いたところ、砂漠のなかでパンを焼くときには、タキ火をした砂の上にねり粉を置いて焼く、といっていた。

エジプトでいえば、紀元前二千年ごろには粘土でつくったパン焼き用のカマドができ、カマドのなかで火を燃やし、余熱の残っているうちにパンをカマドの内壁にはりつけて焼くことがおこなわれるようになった。ローマ時代には石製のしっかりしたパン焼き用のカマドができて、基本的にはローマ時代と同じ原理のものが、十九世紀にいたるまでヨーロッパのパン焼き用のカマドとして用いられていた。

いっぽう、おなじくパンの文化圏に入るアラブの都市では、パン焼き職人の店の裏に粘土でつくった大きなパン焼き用のカマドがみられる。近頃ではドラム缶が出まわっているのでもともとは固定したカマドをもたなかった遊牧民が、ドラム缶をオーブンがわりにし、ドラム缶のなかで火を燃やしてその側壁にパンをはりつけて焼くことがおこなわれる。パンやケーキ以外のアラブ圏でのオーブン料理についてはわたしはよく知らない。

アフガニスタンから北部インドにかけては、ナンとよばれる平べったい一種のパンが発達している。この地方ではタンドゥールとよばれる、粘土でつくった子供が入れるほど大きな壺形をしたカマドを地中に埋めたり、地上に置いて熱が逃げないように周囲をシックイで塗りかためた装置がある。タンドゥールでナンを焼くし、その他の料理もおこなう。ニワトリを香料とヨーグルト、それにサフランでマリネードしておいて、金串にさして、あらかじめ炭火で高熱にしておいたタンドゥールで焼いたタンドゥール・チキンは、北インドのムガール王朝に発達した料理として有名である。

タンドゥールで食物を料理すると、食物がパリッと焼きあがり、香ばしく、ガスオーブンで焼いたときとはくらべものにならない、とあるインド人のコックはわたしに語った。しかし、ナンをつくらない南インドになるとタンドゥールはなくなってしまう。すなわち、オーブンとパンの文化圏は完全に一致しているのである。

＊

アメリカ製のガスレンジを使って中華料理をつくろうとして、気がついた。丸底の中華ナベをガスの上に置くことができないのだ。ガスの火口《ほくち》の上にのせてある鉄製の五徳をつぶしたようなナベ置きの部分が、まっ平らなのである。平面の上に丸底のナベが置けるはずがない。ゴロゴロ転がって安定しない。そういえば、欧米のナベはみな平底である。

国産のガスレンジでは、五徳の部分に傾斜をつけたり、五徳の火口の真上の部分が切りとってあり、丸底のナベをのせることができるようになっている。だいいち鍋という字の作りは窩からでている。窩とはくぼみを意味する。東アジアではナベ底は丸いのがふつうであった。中国とおなじく、日本のナベ、カマもカマドにかける。丸底の部分がカマドのなかにつきだして、火のあたる面積がおおきいように配慮されている。カマドではなく、イロリで使用するとしても、五徳の上へのせたり、ナベの取手に吊り手をつけて自在鉤からぶらさげることによって、丸底でも安定させて使うことができた。もっとも、完全な丸底だと置くのに不便だから底面の真ん中は平らになっているものが多かったが。

現在では日本のナベもほとんどが平底になってしまった。かろうじて、ナベ物料理専用の鉄の吊り手のついた鋳物のナベに、イロリの上からぶらさげた丸底のナベの面影を残しているが、それとても完全な丸底ではなく、底は平らでガスレンジの上にも、テーブルの上にものせられるようになっている。日本のナベはすべて平底に変わってしまった。それは、カマドの消滅とレンジやガスコンロの普及と関係をもつ現象であろう。ガスの炎だったら平底のナベのほうが熱の効率がよい。

欧米でも、二百年くらい以前の台所風景を絵画で見ると、丸底のナベがまだ使われている。台所の壁をくぼませてしつらえた、レンガや石造のマントルピース式の炉で炊事をするさいには、マントルピースの天井から鉄鉤をぶらさげて、半球状のナベをひっかけたり、五徳状の道具の上に丸底のナベをのせて、火のかたわらに置かれている情景があらわれる。

現在のガスレンジや電気レンジ(日本ではあまりお目にかからないが欧米ではかなり普及している)の前身である、マキや石炭を燃料とする鉄製の工業生産物としての調理用ストーブやレンジが普及しはじめるのは、アメリカでも十九世紀後半になってからのことである。これらの調理用ストーブの類では、密閉された鉄の燃焼炉のなかで熱が発生し、煙は煙突から出てゆく。炎が直接ナベにあたることはなく、おかげで台所がけむたく、ススだらけの場所ではなくなったのである。火熱は直接にナベに伝わるのではなく、まずストーブの放熱板を熱する。平面状になった放熱板の上に置くために、ナベやヤカンの底は平底でなくてはならないようになった。

この鉄製のストーブには、ナベをのせる設備のほかにオーブンが組みこまれていた。これによって、調理用食物をむらなく全体にこんがり焼くことが家庭で可能になったのである。以前のマントルピース式の炉では密閉した箱状のオーブンはしつらえづらく、肉をさした金串を炉のなかで回転させる設備で肉料理をしていた。すなわち、グリルの調理法が主であった。家庭でグラタンなどのオーブン料理が自由にできるようになったのは、鉄製のオーブンが普及するようになってからのことである。

ヨーロッパでは、オーブンを使った料理はおもにパン屋と菓子屋であつかっていた。フランスでは一四四〇年以来、菓子屋の組合が、肉、魚、チーズのパイをつくる独占権をもっていた。また、庶民が特別の御馳走をつくるときには、パン屋のカマドを使わせてもらって丸焼きのオーブン料理をしたりするのであった。

中世の封建制のもとではパンや菓子を焼くカマドそのものが、領主の管理するものであった。水車や風車を動力源とする領主所有の製粉所のそばに、パン焼きカマドがきずかれ、領主に従属する農奴たちは、領主のパン焼き用のカマドの使用料を払わねばならなかった。都市でもパン屋の組合は役人の厳重な管理のもとにおかれて、税金を支払ったのである。パンは家庭で焼くものではなかったのだ。

もっとも重要な食物であるパンを焼くことを役人の管理化におくことは、ヨーロッパの歴史を通じてみられる現象である。「パネム　エト　キルケンセス(パンとサーカス)」ということばが知られている。ローマ皇帝マルクス・アウレリウスが無償でパンやサーカスの入場券をくばって、民衆のごきげんとりをした愚民政治のことをさす。ローマ市民へのパンの無料配給は紀元前一二三年にはじまったことであるが、紀元四〇年当時、約三十六万人のローマ人にパンや穀物がくばられたという。それだけ、ぼう大なパン焼きカマドが国家管理の下にあったのだ。パンを支配する者は国家を支配する、という原理がローマ時代から中世全体の時期を通じて、ヨーロッパの歴史に流れていたのである。

このようなことが可能であったのも、パンが保存食品であるからだ。少々固くなることさえがまんすれば、一週間や十日前に焼いたパンでも食べることができる。米の飯ではそうはいかない。毎日炊かなくてはならない。

それに、家庭でパンを焼くとなると、粉をこねてから寝かせておかなくてはならないし、なかなか手間もかかる。パンそのものに調理を家庭外にまかせられる性質があるのだ。

ヨーロッパとアラブ世界では、はやくからパンつくりは専門の職人の仕事となった。現在、家庭のタンドゥールでナンを焼く西アジアの世界ではこれからどう変わっていくだろうか。

卓上料理

日本人好みの韓国のウドンすき

韓国旅行をしたときのことである。ソウルの市街をあるきくたびれて、足をやすめたくなった。腹もちょっとへっていた。町かどの食堂へとびこんで、靴をぬぎ、オンドルのある部屋にあがりこんだ。韓国式の食堂では、一階がイス式、二階はオンドルのある部屋で、座ぶとんにアグラをかいて、くつろぎながら食事をすることができるようになっている店が多い。

あるきつかれた足をのばし、座ぶとんから伝わってくるオンドルのほのかな暖かさを楽しんで、ひと息入れていると、給仕が注文を聞きにやってきた。本格的な晩食をとるには、まだ早すぎる時間であった。腹の虫の一時おさえに、暖かいウドンでも食べたいところだ。ウドンの注文をしようとして、はたと困ってしまった。オンミョン(温麺)ということばを忘れてしまったのである。一応漢字で書いてみたが、ハングル(朝鮮文字)だけで教育を受けた若い給仕には通用しない。ウドンをすする身ぶりをすると、給仕が「わかった！」とうなずいて調理場へさがっていった。やがて、ガスコンロを持ってきてお膳の上に置いた。はて、焼肉の注文とでも間違えられたのではないだろうか？　日本語で「ウドン！　ウドン！」と連呼してみたのだが、給仕はわかっているといった身ぶりでとりあわない。

やがて、スープの煮えたぎっている平たい器を持ってきて、ガスコンロの上にかけた。銅製の盆のような器に足のついたナベだ。つぎに大皿を持ってきた。皿の上にはウドン玉のほかに、さまざまな具がのっている。わたしはただのウドンを一杯注文したつもりだったのだが、手まねがうまく通じず、どうやら注文が韓国のウドンすきに化けてしまったのだ。

それにしても、なんとたくさんの種類の具がならべられていたことか。ウドン玉のほかに、イカ、赤貝、貽貝《いがい》、貝柱、エビ、牛肉、ウシの胃袋（センマイ）、油揚げ、シイタケ、キクラゲ、キュウリ、ネギ、セリ、タマゴ焼き、ゆでタマゴの十五種類の具が大皿せましとならんでいる。こんな豪華版のウドンすきには日本ではお目にかかったことがない。

煮るのに時間のかかるものから順にハシで入れてゆき、最後にウドン玉とネギ、セリをほうりこむ。給仕が味の仕上げに朝鮮料理につきもののトウガラシ味噌を入れようとしたのをおしとどめて、試みにそのまま食べてみる。あっさりとした塩味仕立てのスープで、まことに上品な味の日本人好みのウドンすきであった。半分ほど日本風で食べて、つぎにトウガラシ味噌を入れて朝鮮風のをためし、ひと皿で二度楽しんだ。料理がうまいので酒も注文し、軽食を食べるつもりが結局は本格的な食事となってしまった。酒代も含めて代金は日本円になおして五百円程度。がんばって食べたのだが、全部を平らげることができなかったほどの量があった。

あとでわかったのだが、この朝鮮半島風のウドンすきは、ジェング・バンと呼ぶ平壌の名物料理とのことである。

朝鮮料理には卓上で調理しながら食べるものが多い。名物のプルコキ(焼肉)は卓上でのバーベキューである。網焼きのほか、現在ではガスの上にかけて使うジンギス汗ナベを平らにしたようなプルコキ専用のナベがさかんに用いられている。

ついでながら、日本の朝鮮料理屋で食べさせる焼肉は、本式のプルコキとははるかに異なる味のものである。日本を訪れたことのある韓国人が口をそろえていうことにはニンニクとトウガラシで強烈な味つけをした日本式朝鮮料理の焼肉は、くさくてからくて食えたものではないという。本式のプルコキはもっと上味で甘い味つけのものであり、肉そのものを多量のトウガラシやニンニクでつけこむことをしない。ニンニクやトウガラシの味が好きな人は、別に小皿に入れたトウガラシ味噌などのタレをつけて食べるものである。ホルモン料理は、日本において発明された朝鮮風料理というべきものであるそうだ。

朝鮮半島では神仙炉（シンソンロ）、中国で神仙鍋（シンセンコー）、あるいは火鍋（ホーコー）とよばれるナベがある。台のついたナベの真ん中にエントツ状の火筒があり、そのなかに炭火やタドンを入れて熱源とする卓上料理専門のナベである。近頃では日本でもシャブシャブ屋で使ったりするので、ご存知の方も多いであろう。

このようなナベ物専用の道具があることからも知れるように、中国、朝鮮では卓上で料理しながら食べる風習がひろまっている。ナベ料理は日本の専売特許ではない。朝鮮にだってフグのチリナベも、一種の湯豆腐もある。中国の烤羊肉（カオヤンロー）は日本でジンギス汗ナベとして知られているし、涮羊肉（サオヤンロー）はシャブシャブの元祖である。

木炭とハシは東アジア文明の特徴

東アジア一帯にナベ物など卓上で料理しながら食べる風習がひろまっているのにたいして、ヨーロッパの料理ではナベ物のたぐいは発達していない。地中海沿岸の名物料理であるブイヤベースは魚貝類をごった煮にした一種のナベ物であるが、卓上で材料をナベに入れながら食べるものではない。あらかじめ台所で料理したものをテーブルに持ち出してくるので、卓上料理としてのナベ物とはいいがたい。

野外でのバーベキューなどをのぞくと、ヨーロッパの卓上料理といったら、スイス料理として知られるフォンデューくらいのものであろうか？

さまざまな種類のフォンデューがあるが、スイスのフランス語地帯の名物料理のチーズ・フォンデューは、ナベのなかで白ブドウ酒といっしょに煮溶かしたチーズに長いフォークの先にパン片を浸して食べる。フォンデュー用のナベを暖めるには、ふつうアルコール・ランプを使用することからもわかるように、フォンデューが卓上料理として発達したのはそんな昔のことではなさそうだ。ブリアー・サヴァラン（一七五五—一八二六）の『美味礼讃』に出てくるフォンデューは、卓上料理ではなく、あらかじめ料理して皿に盛りつけて供するものである。

前に、わたしは日本の近代におけるナベ物料理の発達が、銘々膳からチャブ台への変化と関係をもつことを述べた。さて、こんどは東アジアにだけ卓上料理が発達した理由を考えなくてはならない。それには東アジア文明に特徴的な二つの要素がかかわってくる。木炭とハシの使用である。

都市ガス出現以前では、卓上料理のためには煙を出さない木炭やタドンを使用することが必要である。火ばちやコンロで木炭を日常生活に大いに利用してきた東アジアで卓上料理が発達したのは、考えてみればもっともなことである。

また、ナベ物はハシでつつくことによって食べることが可能なのであり、ナイフとフォークで食べるのには適していない。当然のことながら手づかみで食物を食べる文化においては、熱い食物を吹きさましながら食べるナベ物料理はヤケドをするのでつくられないのである。

＊

近頃では、格式の高い料亭でも冬になるとナベ物を出すようになった。だが、こんなところでナベ物を食べても、いっこうに雰囲気が出ない。ナベの前に仲居さんがつききりで、料理の材料をナベのなかに入れるのも、味つけも、できた料理をとりわけるのもやってくれる。ナベのなかに自分のハシをつっこむ余地がないのだ。

自分のハシでナベのなかをつつきまわし、自分の好みの食物を好みの煮えかげんでとりあげるところにナベ物の面白さがある。子供とナベ物をしたり、食べ盛りの学生のコンパでナベ物をすると、自分の好みの物をいちはやく一人占めしたりしてしばしば戦争状態がおこる。日常の食事でおこなわれる主婦による食物の配給制を解禁し、食事における自由競争の場をつくるのがナベ物のいいところだ。仲居さんがとりわけてくれるのでは、配給制に逆もどりということになる。

意識しておこなわれるのかどうかは別として、ナベ物でさえも料亭ではとりわけてくれる、ということを文化の深層心理的に解釈すると、少々うがちすぎかもしれないが、さきに述べた中立性をおびたハシの問題に関係する。ハシにはそれを使う人の人格が電流のごとく伝わっている。ある人がいったんハシをふれた食物は、もはや以前とおなじ食物ではない。ハシをプラグとしてその食物には人格が感電してしまっているのだ。特定の人格を帯電した食物には他人は容易にふれられない。そこで、不特定多数の人物が使用するハシは使い捨ての割りバシにされたり、わざわざ使ったあと折ったりして、ハシに蓄電された人格の影響を防止する……。といっても、もちろん洗う手間をはぶくということのほうが割りバシの採用の直接的な利用だろうが。

いずれにせよ、格式という保守性をもつ場所では、中立のハシがナベ物にまであらわれるのは興味ぶかいところだ。

ナベ物も発達しており、また同じ器から小皿にとりわける食事の方法があった中国、朝鮮では直かバシ、直かスプーンがふつうであった。しかしながら、日本では、直かバシにたいする心理的抵抗が強く、その抵抗を打ちやぶったときにはじめてナベ物が盛んになる。逆にナベ物を突破口として、直かバシがあまり問題にされなくなった。それはスキヤキを代表とするナベ物が普及したこの一世紀間における出来事である。

ナベ物をつつきあうのは、食事における無礼講である。それは伝統的な日本の食事作法からみたならば、狼藉《ろうぜき》のかぎりともいえよう。親しい仲間どうし、あるいは近隣の人々のあいだでの無礼講の料理として闇汁がある。各自が食物を持ちよって、ぜんぶを大ナベのなかに入れて煮てしまう。なにが入っているかわかりはしない。旧制高校の闇汁では、汁のなかからゾウリがでてきた、というような話がよくある。ナベ物の精神的な系譜としては、闇汁、すなわち食事におけるオルギーといった側面もある。

十八世紀後半から十九世紀はじめまで活躍した文人に橘南谿《たちばなななんけい》という人がいる。本業は医者で医学書の著作もあるのだが、『東遊記』、『西遊記』という二冊の紀行文で名声を博した。『西遊記』のなかで、卓子(シッポク)料理について書いてある部分を現代風に焼きなおして紹介してみよう。

近頃、上方でも中国風のハイカラなことを好む通人たちが、卓子料理ということをして、ひとつ器に食物を盛って、主客数人がおのおののジカバシで遠慮なく同じ器の食物をつつきあって食べる。気がねしあうことなくくつろぎ、いちいち給仕するめんどうもなく簡単で好きなだけ食べ、酒を飲むのもやれお流れちょうだい式に杯をとりかわすこともなく、自分で手酌にして飲み、なかなか風流な宴会でおもしろい。寺院でも黄檗宗などの寺では、不茶(普茶料理)といって、精進の卓子料理をする。この風習は日本ではめずらしいことで、気心の知れた親友どうしでなくてはなかなかできないことだが、あちら(中国)ではそれがあたりまえのしきたりだそうだ。

そこで、長崎へ来た唐人が、日本人は貧乏な家庭でも膳や椀が個人別に定まっており、自分のハシでは香の物一つもはさまないのをみておおいに感心し、「なんとまあ日本は礼儀正しい国なのだろう、親しい家族の間でさえも、日常の食事に礼をみださず、貧乏人の家でさえも膳椀を別々にそなえるなどということは、中国の風習ではおもいもよらないことだ」といったそうだ。

まことに、このことを聞いて日本の良俗美風をあらためてよろこぶしだいである。ふだん礼儀正しいなかで、たまには上方の卓子料理のような雰囲気も悪くはないけれど、このような食事作法が日常化したら、たいへんみだらなこととなってしまう。

そして、現在わたしたちはみだらな食事作法を日常のものとしている。個人別の食器に盛られるのは飯と汁くらいのもので、あとは小皿にも取りわけず、一つの器に盛った料理に各自が直かバシでつつきあう、というナベ物よりも、さらに簡略化した食事の方法がダイニング・キッチンのテーブルでは日常化しつつある。その背景には家族各員に食物を配給せずともよくなった豊かな食糧事情がある。家庭の食事のバイキング・スタイル化とでもいうべきか。

この十年くらいのあいだに、世界の各地にモンゴリアン・バーベキューとコーリアン・バーベキューを売りものにしたレストランができた。モンゴリアン・バーベキューとはジンギス汗ナベのこと、コーリアン・バーベキューとはプルコキのことである。スキヤキを突破口にして、東アジアの卓上料理が世界に進出しつつあるのだ。

ところで、バーベキューはアメリカで成立した野外料理だ。フランス語のバルブ・ア・クー(barbe à queue)「ヒゲからシッポまで」を食うという丸焼き料理から出たことばだ、という語源説もある。もともとのバーベキューは、タキ火の上で丸焼きをする豪快なものであったが、現在では、肉の切身や野菜を炭火の上で焼くこぢんまりとしたものとなり、日曜日などに庭で食事するときや、ピクニックのときの料理となった。スケールが小さくなり、日本でいえば鉄板焼きのようなものになりつつある。アメリカ人のほかに、オーストラリア人がバーベキューの愛好者だ。アメリカでは、バーベキュー用の炭をスーパーマーケットで売っているし、バーベキュー専用のタドンのようなものもつくられている。

ジンギス汗ナベやプルコキは、庭でおこなうバーベキューを食卓の上まで移動させることに成功したのだ。そして、これら東アジアの卓上料理が、男性を料理に参加させるという点で、人々を引きつけているのではないかと思われるふしもある。

いぶす

手作りくんせい失敗談

生ハムをつくろう、と思いたったことがある。

国産のハムのほとんどは、製造工程のなかで製品をゆでる過程を経ている。ゆでることによって、肉のなかに残っている細菌類を殺し、肉に硬さや弾力性をあたえ、くんせいのさいの煙のにおいをやわらげて、衛生的であるとともに万人向けの味にしてある。生ハムはゆでないハムである。フランス、イタリア、スペインなどの地中海をめぐる地帯に生ハムの名品がある。ゆでてないので、肉はねっとりとした歯ごたえで、ほのかに煙のにおいがし、保存中に肉が熟成してできる微妙な風味がある。すかしてむこうが見えるほど薄く切って、オードブルに供されたりする。

生ハムの味が忘れられないので、自家生産をしようと考えたのである。そのためにハムの作り方について少々勉強した。畜産製造学関係の本を読んだり、ハム工場へ見学に行ったりしてわかったことは、肉をくすべることよりも、そのまえの工程である肉を塩水に漬けておくことのほうがむずかしいということであった。大金を投じて、ブタのモモ一本を買ってきても、塩漬けに失敗してくさらせてしまってはもったいない。そこで、コンビーフ作りや、ウシの舌の塩漬けなどをつくっては、少しずつ肉の塩漬け技術を修得することとして、まずくんせいの技術のほうから手がけることにした。

ハム工場へ行くとガス部屋みたいな装置があって、そこへ肉を何百本もぶらさげて、パイプで煙を送りこんでいる。なに、原理さえ同じだったら、なんとかなるだろうということで自家用のくんせいガマを考案してみた。ドラム缶を手に入れて、鉄工場へ持っていって細工してもらった。カマはできたが、置く場所がない。なにしろ、わたしの家には庭というものがないのだ。そこで、出来あがった製品を半分わけてやるという約束で、友人の家の庭を掘りかえして炉を築き、その上にドラム缶のカマをしつらえた。くんせいにするための燃料は、知り合いの大工さんから、針葉樹のオガクズをわけてもらった。

まず、手はじめに何でもくすべて試験してみようということで、さまざまなくんせいをつくってみた。ロースト・チキンをくんせいにしたらスモークド・チキンになるはずである。甘塩の紅ザケを片身買ってきた。あわよくば、スモークド・サーモンに変身させ、数倍の価値のものにしたてあげられるだろう。はては、ツケモノ桶からタクアンを取り出して、それもくすべてみた。

　くんせい炉を置いた友人には気の毒なことをした。オガクズの火が消えないよう、そうかといって炎を出して本格的に燃えないよう見張ってもらわねばならないのだ。夜中に懐中電灯を持って二時間おきにくんせい炉へパトロールに行かねばならない。もう、こんなことはごめんだとぼやかれたので、わたしのくんせい技術は以後発展していない。そのうち、国産品の生ハムをデパートで買えるようになったので、わたしのくんせい熱もさめてしまった。

　このときの実験では、紅ザケはあのねっとりした風味のスモークド・サーモンにはならず、肉が割れてかさかさになってしまった。あまり長く、いぶしすぎたのだった。そして、いちばん評判のよかったのは、なんとタクアンのくんせいであった。

　スモークド・サーモンのように冷蔵庫で保存しなければならない、肉質がやわらかなくんせい品は、くすべることによって独特な風味をつけることをくんせいの第一の目的としている。しかし、くんせい本来の技術は、くすべて乾燥することによって食品の水分を少なくして細菌の増殖を困難にすることと、煙を防腐剤として活用することにある。煙のなかには、細菌を殺す成分があり、くんせい品の表面を煙の膜でおおうことによって腐敗をふせぐのである。また、煙のなかの酢酸、蟻酸などが肉に吸収されると肉は酸性になり、保存性をます。そこで、魚などを長期保存するためのくんせいは乾燥して堅く、表面に煙の膜がはって光っているものが多い。

食物保存用のくんせい技術は世界の各地に見られる。西ニューギニア高地のモニ族は、炉の上にしつらえた棚にカエルを置き、カエルのくんせいをつくって食べるし、東ニューギニアのセピック川流域の部族では、底に穴をたくさんあけた土器を炉の上にぶらさげて、川魚をくんせいにする。東アフリカ内陸部に住む農耕民たちにとって、ナマズのくんせいはおなじみのおかずとなっている。日本の山奥の村々では、夏にとったイワナを串ざしにしたものをワラ筒に刺して、イロリの上にぶらさげておき、保存食とした。

世界中、くんせいは動物性の食品の保存技術であるのがふつうであるが、変わったものでは、東北地方で大根をくんせいにしてからヌカ漬けにしたタクアンがある。大根の収穫と同時に早い冬が訪れて、屋外で乾燥させたら凍ってしまうので、屋内のイロリの上からぶらさげて乾かすことに起源をもつものであろうか、と推測するのだが。ほかに、植物性の食品のくんせいとして知られているものは中国の烏梅(ウーメイ)くらいのものだ。烏梅とは、梅の実のくんせいであり、最近発掘された長沙馬王堆の古墳から発見された烏梅が日本での展覧会に出品されたので、ご存知の方もあろう。だが、一般的にいえば、中国でも、日本でも保存食としてくんせいをつくることはさかんではなかった。中国、日本では主として乾物、塩蔵品が動物性食品保存の主流であった。

アイヌの人々のあいだにサケのくんせいが発達したことからもわかるように、カラフト、カムチャツカ、シベリア沿岸、アラスカ、カナダなどの一連の北方民族のあいだに魚のくんせいが発達した。これらの民族は、農業や牧畜をせず狩猟、魚撈に依存して生きていた。そこで魚はおかずというよりは主食として食べられていた。サケ、マスの回遊してきた季節に大量に捕獲した魚を保存し、魚のない季節を食いつなぐために、せっせと魚をくすべつづけたのである。

塩漬けとくんせいの併用

北方の魚食民族のほかに、日常の食物にくんせい食品が多く登場するのはヨーロッパである。ここでは、ハム、ベーコン、ソーセージなどの肉を使ったくんせい食品が発達した。塩漬けとくんせいという二重の保存加工をして、肉をくさらせずに長持ちさせる方法が古代ヨーロッパで開発される。

ローマ時代のフランスは、全土が森林でおおわれていた。ここに住んでいたゴール人たちは、森のドングリでブタを飼い、その肉を塩漬け、くんせいにして、ローマへ供給していたという。

草がなく、森が雪でおおわれている冬のあいだ家畜を生かしておくのはたいへんである。飢えた家畜にまわすほどの余剰食糧はない。そこで、秋のおわりになると農夫たちにとっていちばんの仕事は、冬を越させることのできない家畜を殺して、塩漬け、くんせいにすることであった。十一月十一日の聖マルチン祭やクリスマスの前が屠畜の時期であり、生肉が食える年一度の機会であった。十四世紀のイングランドでは、ベーコンを日常の食事に使用しないというのが金持ちの誇りであった。ということは、民衆は生肉を食べられず、ふだんは塩漬け、くんせいの肉ばかり食べていたということである。

さきにわたしは、ハムをつくるための肉の塩漬けがむずかしいといった。塩漬けの期間に肉をくさらせてしまう恐れがあるのだ。そこで、ヨーロッパでも、ハム、ベーコン、ソーセージなどは冬につくるものであった。それでもふつうのソーセージは半年くらいしかもたせることができなかったという。一年中を通じて、ハムをつくれるようになったのは、十九世紀中頃、冷蔵庫ができてからである。

わが国におけるハムの製造は、明治初期、長崎にはじまり、ついで欧米人の技術者の指導による北海道開拓使庁における試作、のちに鎌倉ハムとよばれる横浜でのハム製造など、文明開化、開港場での外人相手の色彩の濃いものであった。

生ハムも入手できるようになったことからもうかがわれるように、わが国でも近頃では、ずいぶんハム、ソーセージの種類も多くなってきた。だが、その使われ方をみると、保存食というよりは、むしろ酒の肴としての意味が大きい。現在の日本では、くんせいは酒の肴の風味づけのためにあるといえよう。そこで、魚のくんせいと称するものには、煙でくすべることをせずに、煙のエキスからつくったニオイだけをつけているものが多いそうだ。

＊

人間の死体を保存する方法も、基本的には肉や魚などで保存食品をつくる方法に一致している。もっとも、食用にすることを前提としていないので、解剖室のフォルマリン漬けの死体のように、有害食品添加物をもちいた保存法もある。

アメリカ軍が戦死者の遺体保存のためにおこなう防腐剤を注射するやりかたは、現在ハム工場でとられている方法とおなじだ。ハム用の肉を塩に漬けこんでおく時間を短縮するために、自転車の空気入れのような太い注射器で、肉に高圧をかけてピックル(塩漬液)を注射するのだ。

近代的な人体保存法としては欧米で身元不明の死体を置いておく施設であるモルグに採用されている冷凍保存のやりかたがある。舶来漫画によくあらわれるモルグの絵では、死体を収容する巨大なスチール・キャビネットの列がならんでいる。このスチール・キャビネットには冷凍装置がとりつけられている。モルグの番人がこのキャビネットのなかに冷凍食品などを入れて冷凍冷蔵庫がわりにしているのが、漫画の題材にされる。

変わったところでは、アルコール漬け。トラファルガーの海戦で戦死したネルソンの遺体はラム酒漬けにして送り返した。このとき水兵たちがネルソンにあやかろうと、遺体を漬けたラム酒をきそって飲んだ、という。もっとも、生きていても内部からアルコール漬けになっている人間は多いし、タバコが普及してからは内部からくんせいにする方法も世界中に広まった。

どういうわけか、酢づけや砂糖づけで死体を保存した話は聞かない。

のちに述べる馴れずしのように発酵食品として蛋白質を保存する方法もあるが、なんといっても、魚や肉の保存加工の主流をなしてきた技術は、乾燥、くんせい、塩漬けである。また、この三つの方法の組合わせがおこなわれるが、これらの保存法のいずれもが脱水作用にもとづいている。

あるアッシリアの王は敵の王の死体を塩漬けにして自分のところへ送るように命じた、という記録が残っているし、敵将の首を塩漬けにして首実検用に送ることは日本でもおこなわれた。

エジプトのミイラつくりの初期は、太陽熱がきびしい砂漠で、多孔質の砂をもちいて自然乾燥したものらしい。その後、砂漠のなかに産出する天然の炭酸ソーダで死体を脱水するようになる。ところが、エジプトに関するギリシア語文献にあらわれるミイラつくりと魚の塩漬けをつくる方法がおなじことばで表現されること、ミイラつくりの職人と魚や鳥の塩漬けをつくる職人がおなじことばでよばれることなどから、魚の塩漬けの方法が死体保存にとり入れられたのではないかと推定されている。このとき、安価な塩のかわりに天然ソーダを使うのを選んだのは、その神聖な性質による、という（シンガーほか、平田寛ほか訳『技術の歴史』第二巻、筑摩書房、一九六二年）。

くんせいによってミイラつくりをするのはニューギニアの高地人の一部の部族にみられる。わたしがニューギニア高地の村で生活したときには、幸か不幸か死人がでなかったが、モニ族の話では、死者は足を胸につけるようにかがんだ姿勢にして家の壁にもたれさせて、何日も置く。その間、炉に火を絶やさず燃しつづけて、体からしみ出る液体をしょっちゅうぬぐう。遺体が乾いた状態になったら、森のなかの樹上にしつらえた小屋に安置して、風葬にするのだ。

わが国では死体保存の思想はほとんどない。肉はどうでもいいのであり、骨さえ拾ってやれば成仏できるのだ。例外的に、出羽三山などにミロク信仰の系譜をひく即身仏というミイラに化する方法の追求がみられる。土中入定といって生きながら墓に入り、三年三月すぎて墓をあけてみたときにミイラになっていたら、仏として祀られることになる。即身仏になるために木食行といって何年も木の実を主食とする行をおこない、身体から脂肪をとり去り、骨と皮ばかりになってみずからミイラになりやすくするのである。だが、死後特別の保存処理を加えないのが原則だから、ミイラになるかならぬかは賭のようなものであった。

遺体を姿のまま保存するというのではなく、切りきざんで保存食品とする方法だったら、孔子の弟子の子路が塩辛にされたのをはじめ、塩漬け、くんせい、ハム、ソーセージとさまざまな加工法が各地でなされたが、食欲をそそる話ではないのでよしておこう。

魚や動物の死体の保存法にもどると、自然乾燥とくんせいは古くからあった技術で世界の各地の民族に知られている。これらの技術がどれほど活用されるか、ということになると、燃料のすくない砂漠地帯ではくんせいはあまり発達しないし、年中雨が降る地方では乾燥食品をつくりづらい、といった自然の条件も考えにいれなくてはならない。自然の条件をはなれても、動物性蛋白質の保存法となると、どの技術をもちいるかの特色が世界各地であらわれる。

ヨーロッパでいえば、魚の干物を大量につくるのはポルトガルのタラの干物くらいのものだ。これはニュー・ファンドランド沖のタラ漁業——ヨーロッパで伝統的に発達した唯一の遠洋漁業——と関係をもつ。このタラの干物は北アフリカにまで商品として普及している。あとは魚の主な保存法としては北西ヨーロッパでニシンなどを塩水や酢に漬ける——魚のピクルスをつくることと、くんせいである。もっとも、魚よりも肉食に比重がずっと大きいので、北西ヨーロッパの魚の保存加工品が食料全体に占める比重はたいしたことはなさそうだ。イワシの塩辛のような南欧のアンチョビーの塩漬けをのぞくと、塩蔵魚もすくない。だいたい、魚の干物や塩蔵魚を焼いて食べるという日本人にとっていちばんふつうの魚の保存食品の食べかたが欠けている。タラの干物ももどして煮るのがふつうだ。肉は塩漬けとくんせいにすることはさきに述べた。

これにたいして、東アジアおよび東南アジアではくんせいの技術は発達しない。塩蔵と干物が発達し、それに動物性蛋白質を発酵食品として保存することがおこなわれる。火腿（ホウトウイ）という中国の骨つきハムも、ふつうくんせいにせず塩漬肉を乾燥熟成させたものである。なぜ、この地帯ではくんせいが発達しなかったか、ということについてうまく説明する原理はいまのところおもいつかない。

家畜にかぎっていえば、東アジア、東南アジアでは牧畜というやりかたが発達しなかったので、一時に大量の家畜を殺して肉を保存しなくてはならぬ、ということはなかった。必要に応じて一頭ずつ殺して料理にまわすのである。また、はやくから製塩と塩の流通が普及していたので、干物にするのでなかったら、気楽に塩蔵品にまわしていた、ということもあるだろう。

また、東南アジアにおける魚の干物の生産には、華僑が大いに関係しているのではないか、と思われる。現地の人は、毎日のおかずに魚をとってはその日のうちに料理することが多いようだ。東南アジアの都市には干物の魚ばかり売る店があるが、これは華僑の店である。ほかに魚の干物をよくつくるのは西アフリカのサハラ砂漠南縁地方である。ここでは淡水魚の干物が食卓によく供される。

くんせいが発達した北太平洋をめぐる北方民族は製塩を知らなかった人々である。塩がなく、干物とするには乾きがおそいサケ、マスの大型魚を保存しようというためにくんせいが発達したのであろう。

凍らす

夏の天然氷は貴重品

島原へ出かけたついでに、雲仙の普賢岳へ登ってきた。暑い日ざしに照りつけられながら登っていると、下山してくる小学生の一団に出会った。みな、手に手に氷のかたまりを持っている。山頂近くの洞穴から拾ってきたのだった。

普賢岳の山頂付近には、火山活動の結果できた洞穴がいくつもある。このなかへたまった水が凍り、夏になっても溶けない。うす暗い洞穴のなかへはいると、まるで冷凍室へはいったように冷たく、汗がいっぺんにひいて身ぶるいがする。洞穴の底は、不透明な氷塊で床を敷きつめたようだ。割ってみると、氷のなかに落葉がはさまっていたりする。

年寄りの話では、明治時代、島原半島の人々は、夏に高熱を出す病人がでたときには、普賢岳に毎日使いの者を送り、洞穴の氷を大急ぎで持ち帰っては、頭を冷やしたという。明治の頃、雲仙の氷は遠く長崎の町まで送られたようだ。夏の日、函館氷という売り声で、オガクズにうめた氷塊の箱をもって長崎の町を走っていた氷売りは、函館から運んできた氷を売ったのではなく、実は雲仙の洞穴から切り出してきた天然氷をあつかっていたのだそうだ。

雲仙のような高山では、天然の氷の貯蔵庫があるが、低地では夏に氷を得るためには氷《ひ》室《むろ》をつくらなくてはならない。日の当たらない山の斜面に穴蔵を掘って、冬に池から切り出した氷を貯蔵しておくのだ。日本書紀によると、仁徳天皇の時代には、すでに氷室があった。平安時代のはじめには、宮廷に氷を届けるために氷室が京都周辺に二十一カ所もあったとのことであり、いまでも、氷室という地名が残っているところもある。

枕草子には「削氷《けずりひ》に甘葛《あまずら》煎入れて、新しき鋺《かなまり》に入れたる」ものを、気高く清げなものとしてあげている。削氷といったら、現在のかき氷のように考えられそうだが、おそらくその実体は氷のカチ割りであろう。なにしろ清少納言の時代には、かき氷をつくれる道具はなかったはずである。大工道具の歴史でいえば、現在のような台カンナが出現するのは室町時代末からのことであり、それまでは木を削るにしても、彫刻刀の親分のような形をしたヤリガンナか手斧《ちょうな》しかなかったのである。

機械製氷が普及するまでは、庶民にとって夏の氷はぜいたく品であった。江戸時代、上級武士でも上役から夏に雪や氷をすこしもらっただけで感激していた。明治二年に横浜に氷室ができるが、これは北海道の氷を函館から船で運んで、貯蔵したものである。

おかしなことだが、ある人物を介してスキヤキと氷水が関係をもつのである。函館氷を売り出したのは、中川嘉兵衛という人である。彼は、幕末に横浜に屠畜場をつくり、居留地の外人相手に牛肉を売っていた。当時の西洋通のインテリであった福沢諭吉などに「牛肉は、世の開けるにしたがい、誰でも食用するようになる」という論を聞かされ、江戸にも屠畜場をつくった。畑に青竹を立て、それにご幣を結び、シメナワを張り、そのなかにウシを追いこんで、カケヤでコツンとやった。上肉だけをとって、あとは土中深く埋めてお経をあげる、といったたいへんな念のいれようであった。中川屋は牛肉を売るだけではなく、現在のスキヤキの前身である牛鍋屋を開いた。

ところが困ったことに、当時は冷蔵庫がなかったので、牛肉の保存にたいへん苦労した。その対策として、富士山や諏訪湖の氷を横浜に運んでみたが、途中で溶けてしまい、失敗する。箱館戦争後に五稜郭の濠《ほり》の氷を運ぶようになってはじめて営業が成り立つようになり、この氷といっしょに北海道のサケやマスを貯蔵することにも手をつける一方、氷そのものを一般に売りはじめる。明治の中頃までに主として氷水用として函館氷という名が広まり、さきに述べたように長崎にまでその名がとどろくことになる。

初期の氷水屋は、氷のカチ割りを水のなかに入れて、一杯いくらで売る文字通りの氷水屋であった。かき氷は明治十年代に出現したようだ。おそらく、だれかがカツオ節削りから思いついて、台カンナで氷をかくことをはじめたのであろう。はじめは削った氷をコップに入れて、白砂糖をかけただけのものであったが、明治二十年代になると、イチゴ、レモンなどの味のするシロップをかけたり、氷汁粉という氷あずきの前身や、氷うす茶という宇治氷のようなものまで売られるようになる。

かき氷は、日本人が発明した夏のおやつの最高傑作である。

イヌイットと冷蔵庫

冬季には零下三十度に気温の下がる極北の氷原に住むイヌイット(エスキモー)にとっては、彼らの生活する環境そのものが天然の冷凍庫になっている。セイウチやカリブーなどの狩猟をしたさいには、獲物をしとめたその場で氷原を真紅に染めて解体をする。ぐずぐずしていたら、動物の死体がカチカチに凍結してしまい、ナイフで切りつけても刃がたたないことになる。イヌイットにとっては、肉の保存に頭をなやませることはない。むしろ、凍結肉をもどすことのほうが問題だ。

アメリカの笑話に、イヌイットに電気冷蔵庫を売りつけたセールスマンの話がある。いまでは、現実に電気冷蔵庫をそなえたイヌイットの家もかなり多いそうだ。軍事基地のある町で働いているイヌイットの人々は、暖房設備のあるりっぱなコテッジ風の住宅に住んでいる。そのような生活で、肉や魚を凍らせないで保存するために、電気冷蔵庫が必需品化しつつある。

アンデスの高山地方に住むインディオは、収穫したジャガイモを屋外に出しておいて冷凍させ、コチコチになったものを天日で乾燥させる。そうすると、水分がすっかり抜けてしまい、ジャガイモを長期にわたって保存することができる。現在の最新貯蔵技術である冷凍乾燥法とおなじ原理のものである。そういえば、日本の凍豆腐や寒天の製法もおなじ技術の系譜にふくまれる。

極北や高山など、地理的な条件により、食品を凍結して貯蔵することが可能な場所は限られているし、だいいちそんなに寒いところには人間は住みたがらない。そこで世界的には温度を下げることによって食品を貯蔵することは、人工的な冷凍技術が開発されてはじめて可能となった、といえる。

セネカによると、ローマ時代には、雪をモミガラやムギワラをしきつめた穴のなかに貯え、そこにエビを入れて保存することが行なわれた、という。しかし、これくらいの温度では微生物は死にはしないので、長期にわたって保存するとなると危険である。エビで食中毒をおこしたローマ人もいたことであろう。

なんといっても冷凍機が出現する以前は、ヨーロッパでも、夏の氷は貴重品で、食物保存用というよりは、日本と同じく雪や氷そのものを食べることがだいいちの目的であり、それはたいへんぜいたくなことであった。

十一世紀のカイロのサルタンは、シリアの山から特別仕立てのラクダで、雪を毎日、宮殿に届けさせていたという。冷たい飲みものがなによりの御馳走である砂漠の世界にかこまれていた中近東のイスラム文化の最盛期には、遠方から運んできた氷がもてはやされた。アラビアンナイトを読むと、氷菓子の話があちこちに出てくる。ついでながら、シャーベットはアラビア語起源のことばである。

現在多く使われているアンモニア圧縮式の冷凍機が開発されたのは、一八六七年のことである。

日本で冷凍機を利用した製氷は、明治十六年の東京製氷会社にはじまる。しかし、この頃の氷の用途は、飲料用と病人の熱さまし用であり、値段が高かったので、食物の貯蔵には使われなかった。明治三十二年に、鳥取県の米子市に魚を冷凍するための冷蔵会社が設立された。これが食品冷凍業のはじまりである。

そして現代、わたしたちは刺身ですらいったん冷凍した魚を使うようになった。マグロでいえば、国内消費の九〇パーセント以上が冷凍ものである。

友人の生物学者の話では、海外の同業者たちと雑談をしていると、寒天のつくりかたを聞かれることがよくあるという。あるいは、寒天について聞くのは、日本人の生物学者と話をするきっかけによく使われる話題としてもちいられる、といってもよいそうだ。

＊

寒天はトコロテンやヨウカンに使うばかりではない。生物学者のあいだでは微生物の培養のための重宝な材料として使われるのだ。そこで、海外の生物学者たちも日本が輸出した寒天を見知っている。そして、半透明の穴だらけの紙の筒のようなふしぎな代物を日本人はどうやってつくるのか、という疑問をいだくこととあいなるのだ。

寒天の発明は十七世紀の中頃のことといわれる。ある年の冬、薩摩藩主の島津侯が京都の南、伏見の旅館の美濃屋に泊ったとき、宿では海藻のテングサを煮溶かしてトコロテンをつくってさしだしたという。冬に冷たいトコロテンを食べたものか、あるいはトコロテンをよせ物の料理に使ったものか、そのへんはさだかではないが……。あまったトコロテンを屋外に出しておいたところ夜のうちに凍ったものが、昼の暖かさで溶けて水分が流れだし、あとに穴のあいたトコロテンの乾物みたいなものが残っているのに気がついた。それから、美濃屋の主人はさまざまに工夫をして、完全に乾物化したトコロテンをつくることに成功した。

その頃、清から日本にやってきて、伏見からほど遠からぬ宇治に黄檗山万福寺をひらいた隠元禅師が、トコロテンの乾物からつくった料理を食べ、これに「寒天」と命名したという。隠元禅師が食いしん坊であったかどうかは知らないが、とかく食物と関係があるお坊さんだ。万福寺ではじまった普茶料理は大皿に盛られた中国式の精進料理を小皿にとりわけて食べるのだが、その食事の形式も、中国直輸入の料理技術も、のちの日本料理に影響をあたえているようだ。いまでも万福寺の門前に豆腐羹《とうふかん》という中国伝来といわれる豆腐を売っている店があるが、これを黄檗豆腐とか隠元豆腐ともよぶ。豆にまで名前がつき、隠元豆(サイトウとフジマメの両方がインゲンマメとよばれる)というものがある。中国人の坊さんがほめただけあって、寒天の発明から一世紀ほど後になると、寒天は日本から清への輸出品の有力な品物の一つの地位を占めるようになる。

凍豆腐を高野豆腐ともよぶのは、十一世紀末高野山の覚海尊者が寒天とおなじように、偶然の機会から発見したものだという説がある。古くは高野山から葛城山系にかけてを産地とした高野豆腐にたいして、信州や東北地方ではシミ豆腐とよばれた。シミ豆腐には川中島の合戦のときに武田信玄が偶然凍った豆腐を食べて、これを乾燥して兵糧として使おうというアイデアをだした、という伝説がまつわっている。起源はともかくとして、凍豆腐がひろまるのは江戸時代のことである。主として高冷地の山村農家の副業として発達した。

寒天を製造するとき凍らせたトコロテンを湯に入れたり、火力で乾燥するとまた溶けてトコロテンにもどってしまう。むしろ露天に放置して凍結したトコロテンをそのまま天日にあてて水分を除去するほうが、冷凍庫を使って寒天つくりをするよりも能率がよかったので、人工冷凍による工業的寒天の製造は第二次大戦後まで持ちこされた。

凍豆腐では冷凍によって蛋白質が変質し、熱によっても溶けないようになるので、凍結させた後にぬるま湯に入れたり、火力で乾燥させたりして、容易に水分を出すことができる。そこで、寒天よりも冷凍庫が使いやすいといえる。明治三十六年に大阪で開かれた第四回内国勧業博覧会に人工冷凍豆腐がはじめて出品された。明治末から昭和初期までは人工冷凍品と天然品の競争時代がつづいたが、現在ではオートメ化された大規模生産の近代食品工業品となっている。

凍豆腐の工業化の引金になったのは、昭和四年に発見されたアンモニアガス処理法である。これは乾燥した凍豆腐を減圧室に入れてアンモニアガスを吸収させる方法で、このおかげで凍豆腐の品質がいままでとまるでちがった優秀なものになったのだ。

アンモニアガスを使う前の凍豆腐は料理をするまえにアクや重曹を入れた湯でもどして

から使わなくてはならなかったし、それでもボソボソした歯ごたえのものであった。現在の凍豆腐は貯蔵中に酸化することもなく、もどす必要もなしに煮汁のなかに直接入れて料理してよく、それでいてふっくらとむらなくふくれあがる。天然食品にくらべて、工業化した食品は一段価値が落ちるものとしてみられることが多いが、凍豆腐に関してはなんといっても工業製品のほうがよろしい。

豆腐を凍らせるのだったら、兄弟分のコンニャクも冷凍乾燥品にしたらよいだろう、と考えるのが当然のなりゆきだろう。江戸時代に凍コンニャクが出現する。コンニャクを薄く切って冷凍乾燥したものである。これを水でもどしてから、トロ火で煮たものをシミコンとよんだ。正月料理の黒豆といっしょに凍コンニャクを煮たし、白あえ、汁物などの精進料理にもよく使われた。江戸の町では凍豆腐よりも凍コンニャクのほうがよく用いられた、という記録もある。篠田統博士によると、凍コンニャクは手ざわりがやわらかいので、関西の母親たちはこれで幼児の肌を洗った、とのことだ（篠田統「食品」『日本を知る事典』社会思想社、一九七一年）。

凍コンニャクは、いまではすっかり忘れられた食品となってしまった。おでんをつくったときのあまり物のコンニャクを冷蔵庫の冷凍室に入れて凍コンニャクをつくってみた。煮て食べてみると、はずむようなコンニャクの歯ごたえではなく、チューインガムをかむみたいだったが、わたしの製法がまずかったのかもしれない。

餅を凍らせたのちに、乾燥させて保存する凍餅というものもある。近代食品工業が導入される以前から日本は、冷凍乾燥法による保存食が発達した国である、といえよう。寒天や凍豆腐が、偶然の機会で凍った食物から新しい食品が発明されたという説明がなされていることを考えると、冷凍冷蔵庫の使用が盛んになったこんにち、また新しい発明がでてこないだろうか。

塩

塩が交易物資

ニューギニアの山地パプア族たちは、広大な湿地帯と山脈で海から切りはなされ、長いあいだ孤立した世界を守ってきた。海岸との交渉を持たない彼らのあいだでは、塩は大変に貴重品なのである。

だから、ふだんの食事に塩を調味料として使うことはない。ほんのときたま、蒸し焼きにした野菜の上に、もったいなさそうに一つまみの塩をふりかけるのである。

イリアン・ジャヤ(ニューギニア島西半部)の中央山岳地帯の東部に、クムパと呼ばれるところがある。クムパはモニ族の土地である。モニ語でクムは塩、パは場所をあらわす。クムパとは「塩のところ」とでもいったものである。

クムパには塩水のわく泉がある。泉は崖の下にある。おそらくは、崖の地層の中に岩塩分を含む層があり、塩を溶かした水が池に湧き出ているのであろう。どす黒い水のたまった直径十メートルもない小さな池である。

この池の中にツル草の束を一昼夜ほど浸しておく。その塩水のしみ込んだツル草を薪といっしょに焼くと、灰の中にわずかばかりの塩の結晶が残る。小さな塩の結晶をのみとりまなこでつまみあげて集め、水を振りかけながら小石でつき固める。すると、灰まじりで黒いレンガのような塩の固まりができ、これがクムパの塩である。作業のあいだ、池にショウガの根を浸しておき、塩味のしみこんだ生のショウガをかじるのが塩つくりのときのモニ族の楽しみでもあるのだ。

クムパの塩は、モニ族や西部ダニ族のあいだでもっとも珍重される交易物資である。塩の固まり数キロでブタ一頭、あるいはほぼ同じ重さの乾燥したタバコの葉と交換されるくらいだ。食塩の安いわが国でいえば、百円分の塩と一年分のタバコ代が等価値になる勘定だ。

わたしたちの探検隊は食塩錠を持って行った。溶鉱炉の高熱のそばで汗を流して働く人が塩分の補給のために飲む、錠剤のかたちをした一〇〇パーセントの塩化ナトリウム――純粋な塩――である。

モニ族やダニ族の世界では、現金はまったく通用しない。そこで、この塩の錠剤を小銭がわりに使おうともくろんだのである。この人には世話になったから食塩錠十粒、この人には二十粒という具合いに塩のサラリーをあげようと考えたのである。

だが、この思惑はみごとに失敗した。現地の人が食塩錠を塩として認めてくれなかったのだ。「これは塩だ！」といっても信用しない。彼らにとって塩とは白いものではなく、黒い固まりであるはずだ。勇気を出して、ひとなめしてパッと吐き出し、「これは塩ではない！」と断言されてしまった。灰や消し炭まじりの薄い塩味しか知らない人々にとって、純粋の食塩は味気なく、やたらにしょっぱすぎたようだ。

塩を食べない狩猟民

エヤシ湖はタンザニアの内陸部のサバンナのなかの鹹湖《かんこ》である。雨季には青い水をたたえている湖も、五月から十一月まで続く乾季にはいると湖水は乾上がってしまう。そして水のなくなった湖の底には、真っ白なソーダ分が堆積し、雪が積ったように輝き、湖底をジープで横断することができるようになる。堅いソーダの層が湖底を舗装してしまうのだ。

エヤシ湖の周辺に住む部族のうち、狩猟採集民のハッアピ族と牧畜民のダトーガ族は、乾季になると湖底のソーダ層を打ちかいて保存する。現金経済に組み込まれず自給自足的なこの二つの部族は、村の商店から買わずエヤシ湖底の天然ソーダを塩として使うのだ。

エヤシ湖の堆積物は確かにかなりしょっぱい。だが、塩化ナトリウムのほかの塩分を多量に含むことも事実である。エヤシ湖付近の水で身体を洗うと、せっけんを使用しなくても皮膚がつるつるするのだから。しかし、ハッアピ族もダトーガ族も、このソーダを調味料として使うことは案外少ない。

ハッアピ族のおもな料理法は、けだものの肉を焼いて食べるか、水炊きにして食べるかである。焼肉に塩をつけることはめったにないし、肉の水炊きをしたときに、たまに塩を入れることがあるくらいで調味料をいっさい入れない。文字どおりの水炊きがふつうだ。ダトーガ族の食事も塩味のしないことが多い。ダトーガ族にとってエヤシ湖からとってきた塩は、調味料としてよりも、かぎタバコの原料として重要視されている。タバコの葉の粉と塩をすりつぶしてミックスしたものを鼻孔に入れて、その刺激を楽しむのである。

それにたいして、エヤシ湖周辺の農耕民の部族では、塩の消費量がはるかに多い。彼らは商店から買ってきた塩で、毎食ごと味つけをする。農耕民は塩気のある食事をとるのに、どうして狩猟採集民や牧畜民は塩気ぬきの食事ですませていられるのだろうか?

百科事典を引くと、人体には〇・七パーセントの食塩が含まれており、塩は人間に必要不可欠な物質である、というようなことが書かれている。事実、塩は人類の食品のなかでいちばん普遍性を持つものとなっている。しかし、イヌイットのように、ほとんど塩気なしで生きている人々もいる。いったい、人間にとって、ほんとうに塩は欠かすことのできない食品なのだろうか？

汗を流すと塩分が失われ、塩を加えた食べ物を取らなくてはならない。いちばん額に汗して働くのは農業である。そこで農耕民は塩を調味料として使うのだという説がある。

だが、もっと合理的な説明が可能である。それは食事における肉や魚と植物性の食品の割り合いに関係を持つことである。肉や魚にはナトリウムが含まれているから、塩分をあまり取る必要がないのだ。そこで伝統的に狩猟採集民や牧畜民の食事は、塩気のないものとなり、生肉を食べる習慣のイヌイットは塩を調味料として使用する必要もないわけである。

これにたいして、カリウム分を多く含む植物性の主食を取る場合には、カリウムが排泄されるさいにナトリウムもいっしょに体外にもちだす作用をするので、体内のナトリウムが不足するのをおぎなうために、ナトリウムを含む塩をたくさん食べなくてはならない。そこで植物性の作物に依存する生活様式をもつ農耕民は、塩を調味料として重視するようになったのだ。農業が人々に塩気にたいする欲求をつくりだしたのである。

このことは、動物でも肉食獣は塩をなめようとしないのに、草食獣が塩につられることは牧場のウシの例でもわかる。アメリカ・インディアンの狩猟民は、有蹄類の草食獣は塩につられるのにたいして、肉食獣は塩につられて塩のある場所にくるのではなく、そこに集まる草食獣を獲物としてねらってくるのだ、という知識をもっていたそうだ。というところまでは、理屈をつけることができたが、もう一歩つっ込んで考えると、また難問が待ちかまえている。

人類の祖先はサルの仲間であるはずだ。チンパンジーがときに肉食をするくらいで、サルはもともと植物性の食物を食べていたはずだ。人類の祖先も、肉や昆虫を食べはじめる前は、やはり植物ばかり食べていたが、塩を求める手段はなかっただろう。そうすると、もともと人類は塩気なしで植物だけを食べつづけていても生きられたはずだ。ほんとうに人類は塩なしでは生きられない動物なのだろうか?

＊

ふたたび、ニューギニアの話にもどろう。白人が岩塩や近代的製塩法によってつくった食塩を輸入するまで、ニューギニアの人々はどうやって塩味を得ていたのか?

海の近くに住む部族では、海水と淡水を混合した水で食物を煮る方法がおこなわれることがある。昔は、海から歩いて二日行程ほどのところから、わざわざ海水をくみに浜辺までやってくることがあった、という。海岸に流れついた流木を燃して、その灰をあつめて塩味のもととする場合もあった。海水を容器に入れて加熱蒸発させて塩を得る方法を知っていた部族もある。また、海草に何度も海水をかけては蒸発させ、塩の結晶がついた海草を食物といっしょに調理する方法もあった。これらは海の近くに住む人々のことである。

では、海から何百キロも離れた山奥の人々は、どうやって塩味を手に入れていたのか。その一つの方法は、さきに述べたクムパの塩とおなじように山中の塩泉に浸した植物を焼いて塩つくりをする方法である。塩泉からつくった塩はいずれも塩化ナトリウムである。だが、手近なところに塩泉がなく、交易品としても補給されない場所に住む人々はいったいどうしていたのか？

ニューギニアの山岳地帯の各地から植物性の塩が報告されている。それは、「塩の草」とよばれる植物――植物学的な同定がなされていないので、種類はわからないものが多いが、わかっているものでいえば、たとえばツリフネソウ――を焼いて得られた灰を原料としてつくったものである。ニューギニア各地での植物性の塩を分析してみると、重量比でカリウムは五〇パーセント以上含まれるのにたいして、ナトリウムは三パーセント未満であることがふつうである、という。すなわち、植物性の塩は塩化カリウムが主成分となっているのだ。

これはいったいどうしたことだ！　生理学的説明によれば、カリウムのとりすぎによるアンバランスをさけるために塩化ナトリウムが必要であるとされるのに、なんとまあ、植物性の塩を使う人々は、体内にさらにカリウムをとり入れているのだ。まるで、火事のとき水をかけるかわりに、ガソリンをかけているような結果となっている。

それでいて、植物性の塩を使う部族の食生活にカリウムがすくないとはいえない。むしろカリウム過剰の食生活である。山地には魚類はいちじるしくすくないし、野獣や飼い豚などの動物性蛋白質をとる機会もすくない。主食はサツマイモ、副食はサツマイモの葉や数種の野菜類や野草というのが日常の食生活である。こうしてみると植物性の塩をとる習慣は、生理学的にはたいへん非合理なこととなる。

じつは、人間は生理学や栄養学的合理性によって食べたり、生きているのではない。もし現在の栄養学理論を信用したならば、世界の人口の十分の一ぐらいは、どうして生存しているのかまったく説明できなくなってしまう。カロリーやヴィタミン、ミネラルの話からすると、生きていられるはずのない人間が世界各地にたくさんいるのだ。

ともかくも、植物性の塩をとるのは人体生理上、合理的に説明できる本能的な欲求にもとづくものとは考えられない。それでも現に人々が植物性の塩を使っているのはなぜであろうか、ということを説得的に説明する唯一のいいかたは「塩味がうまいからだ」ということになろう。ちょっとばかりおおげさにいえば、それは生理学的レベルの問題ではなく、味覚における価値観——すなわち文化のレベルの問題である、と考えざるを得ないのだ。

塩味というもっとも基本的な味覚の一つでさえも、本能だけではなく文化の問題として考える側面をもっているのだ。

台湾山地のタイヤル族は、近頃まで食塩というものを知らなかった。タイヤル族の食生活を調査した篠田統博士によれば、現在でもタイヤル族は山で塩味がほしいときにはヌルデの実やタイワンツルモッコクの葉を使うという。いずれも、リンゴ酸カリをふくみ塩味がする植物である（篠田統「塩を嘗めない人々」『健康』二月号、一九七四年）。

生理学的にたいせつとされるナトリウム塩そのものでなくともよいのであって、人にとってたいせつなのは塩味がすることである。

神仏に願をかけるとき塩断ちをすることがおこなわれる。塩断ちといってもせいぜい二〜三カ月のことが多かったようだ。腎臓炎の重症患者も医者によって塩断ちをさせられるが、現在だと減塩醤油や塩ぬきの味噌などという重宝なものがある。

近年における塩断ち最長期間の記録保持者は二十八年間グアム島にひそんだ横井庄一さんであろう。おなじくグアム島に立てこもった皆川文蔵さん、伊藤正さんは米軍のゴミ捨て場から拾ってきた古タイヤで、夜のうちに浜辺までいって海水をくんできて、天日で蒸発させて、残った塩をすこしずつ集めたという。しかし、横井さんは海岸へ水をくみにいって発見される危険をさけて、ほとんど塩なしの食生活をつづけたという。

一時に大量の汗をかく重労働をおこなったりしたときには、塩化ナトリウムをおぎなう必要がある。汗をかいたあと、水だけとっていては水分を補給するだけで塩分をおぎなうことができないのでノドのかわきはなかなかとまらない。夏、麦茶に塩を一つまみ入れる理屈である。下痢で脱水症状をおこしたり、出血多量のとき生理的食塩水を血液のなかに入れてやるのも、おなじ理由だ。もっとも、現在では単純な生理的食塩水ではなく、塩化ナトリウム以外の成分を混ぜたリンゲル液などをもちいている。

このように、塩化ナトリウムを補給しなければ、脱水状態で生命にかかわることもあることは、じゅうぶん承知のうえでの話ではあるが、やはり人間にはほんとうに塩が必要なのであろうか。現在のわれわれは、塩を補給しなければならないような食生活になっていることはたしかであろうし、また汗をかく機会も多い。動物の内臓をもりもり生食したり、生血をすするような食生活には、もはやわたしたちはもどれないだろうし、それだけ塩を必要とするであろう。が、また塩をしょっちゅうとらなければならないほど、人間は働き者の動物になってしまった、ということも考えてみる必要がありそうだ。

追記　ニューギニア島における塩味の摂取法とクムパでの製塩についてのくわしい情報は、左記の文献を参照されたい。

石毛直道「Kumpa の塩——イリアン・ジャヤ中央高地の物質文化(1)」(『国立民族学博物館研究報告』一巻二号、一九七六年)

コショウ

コショウは薬品だった

この頃は、日本の家庭の食卓にもコショウひきが置かれはじめ、ひきたてのコショウの香りを楽しむ習慣ができてきたようだ。

ステーキにふったり、ドレッシングに入れるには、なんといっても香りの高いひきたてのコショウにかぎる。ところが、ひきたてのコショウをラーメンにふりかけても、どうしても味がなじまない。黒コショウをひいても、白コショウをひいても、薬くさい感じがしてラーメンの味にはあわない。ラーメンにはフリカケ式の卓上ビンのコショウにかぎるのだ。国産の卓上ビンのコショウはコショウの純粋な粉末ではなく、ソバ粉をまぜたりして味をやわらげ、日本人の味覚にあわせてつくられているそうだ。

日本の家庭でコショウが使われるようになってきたのは、おそうざいに占める西洋系料理、中華系料理の進展にともなってのことである。都市の家庭では戦前から台所にコショウのビンがあったが、地方の台所にまではいりこんだのは戦後しばらくしてからのことであろう。

日本人がコショウを料理に使いはじめたのは室町時代からで、輸入品のコショウをソウメンの吸口とした。江戸時代の料理書をみると、キジやカモ料理の吸口、ハマグリのすまし汁の吸口にコショウを使うとよろしいと書いてある。事実ハマグリのおすましの上にひきたてのコショウをふりかけると、なかなかオツな味になる。

しかし、日本料理でコショウを使ったのはプロの料理人のあいだにとどまり、家庭のおそうざい料理にまでは普及しなかったのである。昔の日本では、コショウは薬味というよりは、むしろ薬品として使われた。

正倉院御物中に百五十二粒のコショウが現存するし、平安時代にできた『倭名類聚抄』に「胡椒丸」が薬品として記載されている。中国経由の輸入品としてはいってくるコショウは、当時としてはたいへんな貴重品であったにちがいない。

江戸時代、コショウが料理屋で使われるようになっても、庶民のあいだでは薬品としてコショウはとりあつかわれていた。江戸時代の旅行ガイドブックである「道中記」のたぐいを読むと、旅行のさいの携行薬品として、コショウ粒をたずさえることをすすめている。毎朝コショウを一、二粒ずつ飲めば夏にはかくらんをおこさず、冬には吹雪にあうことがないとか、夏に水を飲むときにはいっしょにコショウを一粒かみくだいたらば水あたりすることがない、と書かれている。

ふつう東アフリカのバンツー系農民のあいだでは、料理のさいコショウを用いて味つけすることはない。ここでもコショウは一種の薬品として存在する。

スワヒリ語でコショウはピリピリ・マンガとよばれる。ピリピリとはトウガラシのことで、マンガとは白をあらわす。「白トウガラシ」というわけだ。

アフリカ人の家に居候していたとき、わたしはカゼをひいた。すると家主がミルク入りの紅茶にピリピリ・マンガを茶さじに一杯ほどまぜたものを飲ませてくれた。これが何よりのカゼ薬なのだそうだ。飲んだあと、半日ほどノドがひりひりしたが、身体が暖まり、カゼはとうげをこしてしまった。コショウ入り紅茶でもカゼがなおらないときには最後の手段として、ガソリンを小サジ一杯飲ませるそうだ。

コショウにかぎらず、世界の各地で香辛料は調味料としてばかりではなく、薬品としての性格を強くおびている。わが国でも「薬味」とよんでいるくらいである。

辛味の主役だったコショウ

真っ黒くてシワの多い粒状の黒コショウと、表面がすべすべして灰白色の白コショウをくらべると、まるで別の植物の実のようにみえる。しかし、黒コショウの木と白コショウの木が存在するわけではない。それは製法の差にすぎない。簡単にいうと、コショウの実をそのまま天日で乾燥するので、表面がちぢみシワがよってどす黒い色がついたのが黒コショウになる。白コショウはコショウの実の生のものを多量に積み重ねて発酵させたり、流水で表皮をふやけさせてから、もんだり足でふんだりして、外皮をはぎとってから乾燥させたものである。

中国ではふつうのコショウのほかにナガコショウ（長胡椒、ロング・ペッパー）というものが料理に使用される。乾燥したナガコショウは黒褐色をして長さ四〜五センチのツクシの穂のようなかたちをしている。肉桂のような甘いにおいをしているが、口に入れたらひどく辛い。

中国でコショウ、ナガコショウが料理に多く用いられるようになったのは、十二〜十三世紀になってからのようである。それまでの中国では料理における辛味は、椒《しょう》とよばれるサンショウのたぐいと薑《きょう》とよばれるショウガとカラシが主になっていた。

コショウの原産地のインドでは、新大陸原産のトウガラシが移入されるまでは、カレー料理の辛味はもっぱらコショウにたよっていた。

インド亜大陸とヨーロッパのあいだを占めるペルシア・アラブ文明圏は、大航海時代までコショウをヨーロッパに中継貿易することでうるおっていたので、都市居住民ばかりでなく、遊牧民のあいだでもコショウを料理の味つけに用いることがおこなわれていたようである。

わが国での伝統的な辛味は、ワサビ、サンショウ、ショウガ、カラシであった。現代につながる日本料理の技術体系が形成された江戸時代にコショウが薬味として日本料理のなかに定着しなかった理由のひとつは、その頃すでにトウガラシが各地で栽培されていて安易に辛さを得られる薬味となっていたからではなかろうか。

それにたいして、香辛料に独特の価値をもつ朝鮮料理の体系においては、コショウはトウガラシと共存し、重要な薬味となっている。

中世ヨーロッパにおいてコショウが香辛料の王座にあり、はなはだ高価な貴重品であり、ときには取引きの支払い物として金銭にとってかわって通用したこと。コショウを求めて、アラビア人に支配されている陸路をとらず、海路インドへ達する道を求めるさまざまな試みがおこなわれ、大航海時代がはじまり、新大陸や太平洋諸島の発見がなされたことはよく知られている。

なぜ、ヨーロッパの人はそんなにコショウを求めたのであろう。それは肉の保存に関係をもつ事柄である。

冬になると雪で大地がおおわれる北西ヨーロッパでは、長い冬のあいだ家畜は家屋のなかで干草で飼わなくてはならない。そこで秋のおわりになると、越冬がむずかしそうな弱い家畜は全部殺して、肉を塩漬けやくんせいにしておかなくてはならない。こうした保存用の肉の防腐剤兼味つけにコショウが用いられる。

それに、長期間保存した肉は変質してとてもくさい。そのにおいをごまかして食べるためにも、コショウが必要なのだ。流通機構の発達していなかったひと昔前のヨーロッパの田舎では、庶民が新鮮な肉を口にする機会は年に数度しかなかったとのことだ。何カ月か前に殺した家畜の肉を毎日食べていたのでは、コショウにたいする願望が生まれるのも、もっともなことである。

どうやら、文明世界におけるコショウの普及は肉食と食用家畜の飼いかたに密接な関係をもつことであるらしい。そこで、ブタ、ヒツジのほか、ウシを多量に飼育するヨーロッパでの料理にはコショウが切っても切れないものとなった。

保存肉もないではないが、ブタ、ニワトリ、アヒルをおもな食用肉とする中国ではそのつど殺して肉を食べ、また早くから流通機構が行きわたっていたので、肉屋で切り売りを買ってきたらよく、保存肉用というよりは、台所での調理のかくし味のための薬味の一つとしてコショウが用いられてきた。

肉食が発達しなかった日本では、西洋系・中華系の肉をよく用いる料理が流行するようになって、はじめてコショウが家庭にはいりこむようになったのである。

*

コショウの原産地はインドのマラバル地方、すなわちインド亜大陸の西南海岸で現在のケララ州を中心とした地方である。ローマ時代から、西方むけのコショウはマラバル海岸からヨーロッパへ運ばれた。十一世紀頃からインドネシアでもコショウの栽培がはじまることになるが、十六世紀頃まではインドネシア産のコショウは西方へは輸出されず主として中国むけのものであった。

ローマにしろ、中国にしろ、自国の版図内にはコショウを産出せず、輸入品として知っていただけである。コショウが木になった状態の実物を見たことなしに昔の学者が議論したので、さまざまな誤解が生じた。誤解がさらに誤解を生じ、話がややこしくなるので、まずコショウ属の栽培植物のなかで、問題となるものについて、ざっと説明をしておこう。

まず、一般に使われるコショウ(*Peper nigrum*)。黒コショウも白コショウも植物としてはおなじものを使用し、実の加工法のちがいによって、黒コショウと白コショウができることは、さきに述べた。

ついで、インド原産のナガコショウ(*Peper longum*)。ふつうのコショウの実は大粒のサンショウに似た形であるが、ナガコショウの実は太く長いツクシ状、あるいはクワの実を長くしたような形をしている。ナガコショウにはジャワ産のジャワナガコショウ(*Peper officiarum*)もあるが、本稿には直接関係はもたない。

外観がふつうのコショウの木によく似た植物にキンマ(*Peper betle*)がある。蒟醬《くしょう》という字があてられる。マレー原産の植物と考えられるが、古くからインド、インドシナ半島までひろがっていたとおもわれる。コショウ、ナガコショウは実を利用するのにたいして、キンマは葉を利用する。キンマの葉をちぎって、これにビンローヤシの実と石灰をくるんでチューインガムのように嚙むと、口のなかに強烈な刺激感がする。キンマを嚙んだつばをはくと、血のように真っ赤な色をしている。キンマを嚙む風習はインド、東南アジア、メラネシアにわたって広く分布している。

さて、これで道具だてがそろった。まず、紀元一世紀のローマの大学者プリニウスの『博物誌』をみると、彼はナガコショウの実のなかにある種子がふつうのコショウだ、と考えていたようだ。すなわち、実がはじけるまえに木からつみとるとナガコショウとよばれる香辛料になるが、実が熟してはじけたなかの種子が白コショウであり、それを乾燥すると黒ずんで黒コショウになる、という意味の文章で説明している。実際はナガコショウのなかにふくまれる種子はゴマ粒よりも小さいのでそれがコショウになると想像しづらいのだが、そこはまだ見ぬインドでは大きなナガコショウの実もあると考えたのかもしれない。

ついでながら、プリニウスによると、同じ重さでくらべるとナガコショウが十五ディナールにたいして、白コショウは七ディナール、黒コショウは四ディナールの値段である、とされている。ローマではナガコショウは金とおなじくらい価値がある香辛料とみなされたが、その後ナガコショウの価値は下落し、世界性をもつスパイスではなくなってしまった。価格とはあまり関係ないが、現在、白コショウはヨーロッパの料理で多く使われるのにたいして、アメリカでは黒コショウが好まれる。

さて、ここでコショウの語源について調べるため『ホブソン・ジョブソン』(HOBSON-JOBSON: A Glossary of Anglo-Indian Words and Phrases and of Kindred Terms)にあたってみた。『ホブソン・ジョブソン』というのは、インド、東南アジア起源の英語化したことばの考証を中心に編集された事典であり、初版がでたのは一九〇三年であるから、現在では時代物の感じがするが、なかなか使いでのある本だ。

これによると、ペッパーということばは、サンスクリット語のピッパリ(pippali)に由来する、とされる。ピッパリはふつうのコショウをさすことばではなく、ナガコショウを意味しており、現在でもナガコショウの産地であるベンガル地方で使われている、とある。ギリシア語ではピッペリ(piperi)という。そうすると、もともとはナガコショウをさすことばが、現在の英語のペッパーとかフランス語のポワーヴルとしてふつうのコショウの名称に使われるようになった、ということになる。

さて、中国ではどうなっているか。胡椒と書いたときの「胡」とは、胡人などの用例からもわかるように西北方から中国に入ってきた品物につけられることばである。椒はサンショウを意味するので、胡椒とは「外来のサンショウ」とでもいうべき名である。

シナ学の大家故青木正児博士の「芍薬の和」という論文は、中国における香辛料についてのすぐれた考証をしたものである(青木正児『中華名物考』春秋社、一九五九年)。この論文のなかで、青木博士は唐代の『酉陽雑俎《ゆうようざっそ》』という書物に、コショウはマカダ国に産するつる性植物の実で、形は中国のサンショウに似て、いたって辛辣なものであるという意味の説明があることを引いている。ついで、同書に華撥もマカダ国の産で、かの国では華撥利とよび、その実は桑の実に似ているという記事があるのに注目している。そして、青木博士は華撥をピッパツと読み、これは「ペッパァと同源の語に相違ない」として、現在の植物学でいうと、胡椒は *Peper nigrum*、華撥は *Peper longum*(すなわちナガコショウ)であると結論している。

青木博士がサンスクリットのナガコショウの名称を知っておられたかどうかはわからないが、さすがに一代の碩学である。ペッパーと華撥がおなじ語源であることをつきとめた。『酉陽雑俎』にある現地名の華撥利をピッパツリと読んだら、まさしく『ホブソン・ジョブソン』と合致する。マカダ国の版図は現在のベンガル地方を中心としているので、現在のナガコショウの産地ともあうし、ナガコショウの実は桑の実の長細い形と見れば、そうも見える形をしている。

残念なのは、青木博士がナガコショウとキンマを同一物とみなしたことである。『南方草木状』という書物がある。紀元三百年頃につくられた本といわれるが、原本がなく六朝末ごろにできた偽書だといわれているが、それでも当時のベトナム地方の植物、物産を知るのに、たいへん役に立つ本となっている。ところが、この書物に華茇(撥)は紫色で大きいが、同様のものでそれより実がちいさく青色のものが蒟醤である、という記事があるのにひきずられ、青木博士は蒟醤の著名が華撥である、とうけとられたようだ。

さて、いままでの論議にきりをつけると、中国でいう胡椒はふつうのコショウをさし、華撥はナガコショウ、蒟醤はキンマのことである、という結論になる。

新しく入った作物の名前は、従来あった作物のなかで近い性質をもっているものの名前におんぶする例が多い。中国で胡椒がサンショウのうえにのっかった命名法であることはすでに述べた。コショウに比較的近い性質をもつ香辛料で、のち世界的にひろまったものはトウガラシである。

中国では、トウガラシが入ってくると蕃椒という名がつけられる。胡にたいして蕃、すなわち日本流にいえば南蕃人のサンショウということになる。

日本でも字づらではトウガラシを蕃椒と書く。コショウそのものの利用があまりなされなかったので、名前だけがあり実物がなかった。そこへ、おなじく辛い香辛料で、しかも輸入品ではなく人々が畑に植えることができる、より一般的な使用が可能なトウガラシが入ってきた。母屋がぶんどられ、東北地方や九州ではトウガラシのことをコショウとよぶところがある。江戸時代の『物類称呼』では、東国では真のコショウをエノミコショウというとある。トウガラシとは中国のカラシという意味であることはいうまでもない。

英語でいうと、トウガラシの種類に応じて、レッド・ペッパー、カイエンヌ・ペッパー、ギニア・ペッパーなどのよび名があるし、トウガラシでつくったソースをペッパー・ソースとよんだりして、コショウにひきずられていることをしめしている。

追記　沖縄の石垣島などではジャワナガコショウを栽培し、八重山方言でピパチ、ピパズとよぶが、これも華撥系のことばである。十五世紀後半から十六世紀にかけて、琉球王朝の商船隊が東南アジア貿易に活躍したが、その頃にもたらされた作物ではないかと、わたしは想像するのだが。実を粉末にして豚肉料理の香辛料にしたり、若葉をきざんで混ぜご飯にいれたりする。

砂　糖

甘味は味の基本

女子学生とスキヤキをしておどろいた。砂糖をむちゃくちゃに多く入れるのである。肉の上に、富士山をきずくように砂糖を盛りあげる。牛肉の佃煮をつくっているみたいだった。

とかく女性と子供は甘いものが好きだ。男性だったら、キャンデーやお菓子類への嗜好は、大人になると卒業してしまうのに、女性は甘いものにたいする好みが大人になっても連続しており、五十歳になってもチョコレート好きのおばさまはいくらでもいる。

必要なカロリーを食物でとっていても、甘いものには無意識に手をだす。女性と子供の甘いものずきは、本能的とさえいえそうだ。その結果は肥満ということになるのだが、余分なカロリーを体内にたくわえておくことは、かならずしも悪いことではない。子供だったら、病気にかかったときの耐久力に転化するし、種族維持のために男性よりも、よりいっそう生存が期待される女性のエネルギー源となる。女性のお尻がまるいのは体力を消耗する妊娠、出産にそなえてのエネルギー源として脂肪を貯めておく倉庫の役割りをはたしているのだという説もある。

甘いものなんか見るのもいやだ、という酒飲みの男性でも、飢餓状態に追いつめられたら、恥も外聞もなく甘いものを欲求する。このことは、食糧難の時代を経験した方ならご存知のはず。甘い味は世界中の民族で、もっとも基本的な味覚として好まれている。

もしかしたら、甘味とは味覚のなかでいちばん基本的であるとともに、原始的な味であるのかもしれない。それはキャラメルを食べるサル、甘いミツを吸うチョウチョウなど、動物でも甘味ずきのものが多いことを考えたらうなずけよう。

サトウキビの原産地はインドであるといわれてきたが、最近の学説では、東南アジアから東アジアにかけて伝統的に栽培されたサトウキビについては、ニューギニアが原産地であるということになった。ニューギニア高地人の畑には、かならずサトウキビが植えてある。高地人たちのサトウキビの食べかたは、茎を折って生のましがむのである。もちろん、砂糖をつくる技術などは知らない。

木のように堅いサトウキビをくだき、汁をしぼりとる技術ができるまでは、サトウキビはじょうぶな歯にものをいわせて、噛んで口のなかに甘い汁をふくむ、甘さにたいするそれだけの欲求をみたす作物として、熱帯アジアで栽培されていたのである。いつから、サトウキビから砂糖をつくるようになったのかはわからないが、六〜七世紀にはインドで砂糖をつくっていたことは、たしかである。

インド方面からアラブ商人の手をへて、アレクサンドリアに運ばれた砂糖をイタリア人がヨーロッパへひろめた。八世紀頃のヨーロッパでは、砂糖は調味料ではなく薬品とされていた。ながいあいだフランスでは、砂糖を売る権利は薬屋に独占されていた。そこでフランスでは、必要欠くべからざるものを忘れた人を「砂糖を置き忘れた薬屋」ということわざさえも生まれた。

ヨーロッパのもともとの甘味料はハチミツであった。その伝統で洋菓子にはハチミツを使ったものが多い。ヨーロッパで砂糖がハチミツにとってかわったのは、十八世紀のことである。この間、十七世紀にコーヒー、ココア、紅茶を飲む習慣が普及したために、ヨーロッパの砂糖消費量はいっきょに増大した。

ナポレオンの大陸封鎖令で、西インド諸島などの熱帯植民地からの砂糖が輸入されなくなったために、テンサイから砂糖をつくる研究がすすみ、現在ではヨーロッパ、ロシア、北アメリカで栽培されるテンサイ糖と、熱帯で栽培するサトウキビからつくったカンショ糖の二種類の砂糖が世界市場を二分するようになった。

わが国古来の甘味料はハチミツと、ブドウ科の植物のツタの茎を切って出た汁を煮つめたアマズラ、それにモチゴメとコメやムギのモヤシをあわせてつくったアメの三種類であった。いずれも、めったに庶民の口に入るものではなかった。だから乾柿の表面の白い粉を集めて、祭りの菓子に使うなど、甘味のある食物をつくるには涙ぐましい努力があった。

奈良時代に中国からやってきた唐僧鑑真《がんじん》の献上品に砂糖がみえる。それが文献にみるわが国での砂糖のはじめである。このとき鑑真が孝謙天皇に献上した砂糖は、現在の重量に換算すると、おおよそ一・七キロにすぎない。これっぽっちをわざわざ海を越えてもってくるのだから、いかに貴重品であったかがわかる。いまなら、お歳暮にもせめて五キロくらいは贈らないとかっこうがつかない。

室町時代でも中国からの渡来物の砂糖は、上流階級の贈答品として使われていた。江戸時代の初期でも一般民衆にとって、砂糖は調味料ではなく、薬品であった。十七世紀に、奄美大島、沖縄でサトウキビの栽培と製糖業がおこった。これらの地方では、そこを支配していた島津藩が砂糖づくりのために、いかにむごい人身支配をおこなったかを伝える悲話がいくつも残っている。それほどまでして、生産額をあげなければならなかった砂糖は、高い商品価値をもっていたのである。

江戸時代の砂糖の取引きの中心地は大阪である。薬種問屋が砂糖を入札していたのだが、そのうち本業であるべき薬の取引きよりも、砂糖の取引きのほうがおもな仕事となり、幕末になるとかつての薬種問屋たちは砂糖問屋といわれるようになった。

砂糖を使うのは田舎料理?

砂糖が貴重品であったので、料理に砂糖を使うことが、御馳走を意味するようになった。そこで、ひと昔前の田舎の御馳走といったら、甘ったるい料理ばかりならんでいた。関西と関東をくらべたとき、関東の料理のほうが砂糖を使うことが多かった。江戸の料亭の最大のパトロンは各藩の留守居役、すなわち当時の外交官たちであった。そのような人々が現在の社用族のように接待のための宴会をする場所であったのだ。このような宴会のさい、食べきれないほどの料理を出して、帰りには折りに入れて持ち帰るならわしであった。この折詰つきの宴会料理は、日持ちのするよう、煮るものはじゅうぶん煮、焼くものはじゅうぶん焼き、関西風の薄味であっさり熱を通した料理とはちがったスタイルをとった。江戸の味つけは濃厚で砂糖をふんだんに使う。砂糖を多用すると防腐保存の効果があるのである。

明治になって、この甘い江戸の料理がさらに甘くなった時期がある。サムライにかわって明治の東京の料亭をささえたのは、地方から上京してきた役人たちである。東京は田舎からやってきた人々に占領された。めったに砂糖を使った料理を食べる機会がなく、砂糖をたくさん使った甘い料理が御馳走であった地方出身の人々の舌に合わせたので、東京の料理がいっそう甘くなり、その料理法が地方にまたひろまっていったのである。

つい最近までその風習は残り、関東で育ったわたしの子供時代に、父親が宴会から持ち帰る折詰の中身は、口取りと称するはじめから持ち帰ることを前提とした料理であり、キントンとか、伊達巻きなどの砂糖ずくめの品ばかりであった。

日本料理ほど砂糖をよく使う料理法は、世界にはなさそうだ。ヨーロッパ系の料理では砂糖を使うことはまずない。台所での砂糖の需要はケーキづくりにある。長年日本に住みついて、日本料理ならたいていのものが好きだというイタリア人が、甘い佃煮だけは食べられない、といっていた。野菜を砂糖で煮るのはまだしも、魚を砂糖で煮からめた味にはがまんがならないそうだ。

さきにわたしは、飢餓状態では甘さが求められるといった。してみると、砂糖をやたらに使う日本料理は、飢餓への恐怖のうえに成立している、という意地悪な見方ができないわけでもない。

＊

残飯に冷たい味噌汁をかけて食べる、といったらイヌ、ネコの定食と相場がきまっているが、人間が食べてもけっこういける。いささかわびしさを噛みしめるという雰囲気をもつ食べ物ではあるが。

ご主人の食生活の変化にともない、近頃日本のイヌ、ネコはミルクをかけた飯をあてがわれることが多いようだし、人間の子供までがミルクかけご飯なるものを好むそうだ。茶漬けも出世したもので、茶漬け専門の店まででき、カレーライスよりも高い値段で茶漬け飯を売る。こうなると冷飯の利用法という茶漬け本来の食べかたではなくて、はじめから熱い飯に熱い茶をそそぐ。

あたりまえのことであるが、茶漬けが出現するのは煎茶が一般化するようになってからのことなので、江戸時代以前には現在のような茶漬けはない。抹茶では茶漬けにしようがなさそうだ。農村でもふだん茶をがぶがぶ飲むようになったのは、明治時代以後のことと考えてよい。おじやや汁かけ飯をのぞいて、茶漬け以前の冷たい飯の食べかたの主流は湯漬けであった。夏なら水飯《すいはん》という方法もあった。水飯とは飯を冷たい水に漬けて食べる水漬け飯である。『今昔物語』『源氏物語』や『枕草子』などに水飯があらわれるが、どういうわけか近世になると水飯は姿を消してしまう。

食欲のない夏の日、わたしは自己流の水飯をつくる。残飯を冷たい水でよく洗ったうえに冷ソウメンの汁をかけ薬味をのせて、かきこむのだ。これだとどんなに食欲不振のときでも飯が胃袋に直通する。ただし、消化不良を心配する方にはおすすめできないが。

自己流の水飯のすさまじいものを見たことがある。場所はミクロネシアのヌクオル環礁。もともと、タロイモとパンの実が主食であった島なのだが、第一次大戦後の日本統治時代に米食の習慣がとり入れられ、島民たちは金があるときには輸入米を買って炊く。ガス、電気がないので自動炊飯器に用はない。昔なつかしい羽釜を使い、下駄の歯のような分厚い釜蓋まで日本からの輸入品で米を炊く。日本語をしゃべる島民に試みに飯の炊きかたをきいたら、「内地とおなじよ。力を入れて米をよくとぐ。火加減ははじめチョロチョロ、なかパッパ、それから薪を引いてじっくりむらすことね」と答えられ、おそれいった。

さて、ヌクオル環礁で、わたしが居候した家の主人はレスラーのような体格をしていた。以前、アメリカ船の水夫をしていたときには、重油のつまったドラム缶を軽々とかつぎあげることができたそうだ。居候当時このオッサンは歯痛になやまされていた。一番近い歯医者へ行くとしても、月一回くるかこないかの連絡船に乗って、四〇〇キロ離れたポナペ島まで出かけなくてはならないので、歯を一本治療するだけで最低一カ月は家族と別れなくてはならない。気休めにわたしがあげた仁丹を口にほうりこんでは、大男がうんうんうなっているのは、小さなトゲのために狂乱状態になっているライオンのようだった。

このオッサン、歯痛のために流動食しか食べられない。そうかといって、ココヤシのジュースだけでは腹がもたない。そこで、発明したのがヌクオル風水飯とでもいうべきもの。毎日、オカミサンに命じて、三升炊きの釜いっぱい飯を炊かせる。これを朝晩二回にわけて食べるのだが、いやはやその食べかたがすさまじい。まず、洗面器に一杯飯を盛る。ついで、飯粒が見えなくなるほど砂糖をうずたかくふりかける。そのうえに、バケツの水をザンブリとかけて、手でかきまわす。大きな洗面器をひょいと持ちあげて、縁を口につけたかとおもうと、手をスコップのように使って飯を口のなかにおしこむ。歯痛のために嚙めないので、飯を砂糖水といっしょに飲みこむのだ。ズルズルとすすりこむ、などといったなまやさしいものではない。ゴクリ、ゴクリといった調子で、二〜三分で洗面器一杯の中身がきれいに平らげられてしまう。

「おまえも食べてみないか?」といわれたが、好奇心のつよいわたしもこれだけはご辞退申しあげた。飯と砂糖という取りあわせは、酒飲みのわたしにとってはいちばんかなわない。オハギのような菓子のかたちをしていたらまだしも、砂糖をかけた飯となると、これは菓子とも飯ともつかないへんてこりんな代物で、わたしの美学では思いつきそうにもない食べ物だ。どうして、日本人の感覚では、あるいは酒飲みの日本人の感覚では、飯と砂糖の組み合わせに抵抗感があるのだろう。

強飯に砂糖の入った餡をまぶしたオハギのようなものだったら、それは飯をはなれて菓子というカテゴリーに入れられ、それはそれで独立した食物の分野をつくっている。日本の近世にできた生菓子の類の多くは、米を原料とした餅と甘味のとりあわせで成立している。菓子は茶と組み合わされるものである。しかし、菓子と酒は組み合わされることなく、たがいに不倶戴天の敵同士ということになっている。酒と飯もどちらかといえば対立関係となっており、酒飲みは飯をあまり食わない、すくなくとも飯を肴に酒を飲むことはふつうないのである。飯は酒が終ってから食べるものとされる。この点で、パンとブドウ酒が相性がよいとされる西欧と対照的である。もっとも、日本でも、昔は飯を食いながら酒を飲む風習があり、その名残りが茶懐石において、まず飯を出してから、酒をすすめるしきたりとしてある。昔の日本酒は現在のものにくらべて酸の量が四倍から六倍も多かったので、ブドウ酒で食事をするように飯といっしょに日本酒が飲めたのだ、という意見もある(坂口謹一郎「世界の酒から見た日本の酒」『古酒新酒』講談社、一九七四年)。

いずれにせよ、酒と茶、酒と飯、酒と餅、酒と菓子という組み合わせは現在の日本人にとっても対立関係としてとらえられている、といえよう。この対立関係をひっくるめて、上戸と下戸とか、辛党と甘党という。

というようなことを、とりたててわたしがいうまでもなく、室町時代から江戸時代にかけて『酒茶論』、『酒飯論』、『酒餅論』などといった戯文で、酒と茶、酒と餅の優劣を論ずる甘辛論争がおこなわれているのである。

酒の肴は「からい」ものがちょっぴりあったらよい。なにもなかったら、塩や味噌をなめてもつまみとなる。キントンや甘い豆の煮つけなど、砂糖をふんだんに使う料理ができる以前だったら、ほとんどすべての日本のおかずは酒の肴になり得た。日本の料理のほとんどがどちらかといったら「からい」味のものであった。そこで飯のおかずと酒の肴は共通したものである。あるいは、日本料理のほとんどが酒の肴なのである。

「からい」副食物ちょっぴりで飯をどっさり食べる。のちに「胃拡張」の章で述べるように飯のドカ食いでカロリーと必要な栄養を補給し、おかずは飯を食べるための刺激剤としての役目しかもたないのが伝統的な日本人の食生活であった。ちょっぴりの「からい」おかずを媒介項として、飯と酒は共通の位置を占める。おかずを飯のためにつまむか、酒のためにつまむかのちがいだけである。

おなじ料理が出されても、下戸がおかずで飯を食べるのにたいして、酒飲みはおかずで酒を飲み、最後に飯を食う段になっておかずがなくなったら、お茶漬けで流しこんでしまう。あるいは、きわめつきの酒飲みになると酒を飲んだら飯を食わない、という人もいる。飯も酒も、もとはといえば米からつくったものである。飯で酒を飲んだら屋上屋を重ねるようなことになってしまう、というのである。そうしてみると、酒と飯が対立したものとしてあつかわれるのは、実は両者が同質的なものであるがゆえに重なることをさける、ということかも知れない。

上戸、下戸ということばは古くからあるが、甘党、辛党ということばの使いかたは新しいらしいのだが、いつからはじまったものかはわたしは知らない。甘党の好きな菓子類はたしかに砂糖を使って味覚的に甘いが、辛党の好む酒はかならずしも「からい」とはいえない。

昔にくらべたら現在の日本酒は甘いといわれるが、昔の「からい」酒といっても、トウガラシのような辛さではないし、塩からい味ともちがったはずだ。酸味が勝って甘さがおさえられたり、舌にたいする刺激が強かったりはしたろうが、基本的には日本酒は世界のなかでは甘口の酒に入れられる。「しおからさ」が勝った肴をちょっぴり味わっては、酒を飲むことによって酒のかすかな甘味を楽しむ、あるいは「しおからさ」でノドをかわかせて酒を飲む、といった肴の「からさ」のほうが辛党ということばにふさわしい。むしろ、辛党ということばは、現実の味よりも「あまい」に対応する概念としての「からい」に関係をもつのではなかろうか。

現在でも関西では塩っぱい味とトウガラシの味の両方を「からい」ということからわか

るように、日本語の「からい」ということばでは感覚的に辛い味と、塩気の多い味の両方が意味される。

「すいもあまいもかみわけて」ということばからわかるように「すい」と「あまい」も対立概念となっている。現在ではあまり使わないが、人におべっかを使う「甘口」にたいして気に入らぬ忠告を「苦口」ということ、少々無理をして翻訳調のことばを持ちだしたら「あまい」夢と「にがい」経験のように「あまい」と「にがい」も対立概念となる。「あま」ガキと「しぶ」ガキのように「あまい」と「しぶい」も対立関係をもつといえよう。

してみると、日本語での味の表現は「あまい」ということばを味覚の中心の位置におき、それに対立する表現として「からい」、「すい」、「にがい」、「しぶい」などのことばが位置しているといえよう(この関係のくわしい説明や他の文化における味覚表現の構造については、わたしがすでに述べたものに「味の民族学」『芸術生活』一九七三年八月号〔『食いしん坊の民族学』中公文庫に再録〕と、同様の問題をとりあげたものに松原正毅「味覚表現」『栄養と料理』一九七五年四月号がある)。

「甘し」と書いて「うまし」と読ませることからわかるように、日本人にとって「うまい」という価値観は「あまい」味の近くに存在するようだ。それにたいして「からい」「すい」「にがい」味は単独ではどちらかというと「まずい」部類に入れられ、甘味とほどよくまざることによって、はじめてこれらの味は舌にこころよいものとしてプラス評価を占めることになる。

もう廃刊になったが『あまカラ』というタイトルの食物の雑誌があったことからもわかるように、「あまい」と「すい」「にがい」の関係よりも、「あまい」と「からい」の対立関係がもっとも基本的な味についての価値観を形成している。「からい」味の範囲は広く、古文では酸味で舌がヒリヒリするときも「からし」と書かれたりした。

となると、酒飲みを辛党というのは、酒そのものが辛いからというよりは、「あまい」菓子を好む人々と対比させるために「あまい」ということの反対の極にある「からい」ものを好む人々と位置づけたのだ、ということになるが、いかがなものだろう。このようなことばを媒介とした価値観が酒に関しては逆転して、ふつうだったら「あまい」味がうまいことになるはずだのに、「からい」ことにプラス評価を与えられている。そして、「あまい」ものが好きな女性や子供とちがって男の飲物は酒であるべきである、という辛党上位の社会通念が幅をきかせ、甘党の男性にコンプレックスをいだかせるのである。そして、辛党のプライドにかけても、砂糖入りの飯など食えやしない、と片意地を張ることとあいなる。

酢

独特な風味をもつ日本の酢

英国人が書いた日本料理のつくりかたの本を読んだ。なぜわざわざ横文字で日本料理の本を読むのか？　いくら日本をよく知る外国人が書いた本でも、日本人のちゃんとした料理研究家が書いた本にくらべれば、まちがいや、ごまかしがあるにきまっているのに……。実は、そのごまかしを知るのがねらいなのである。

日本以外の場所で日本料理をつくろうとしたら、必要なすべての材料を手に入れることは困難である。そこで、別の材料でなんとか似たものを見つけてきて、ごまかすことが必要なのである。探検や調査などに出かけては、海外で日本料理をつくる機会が多いわたしにとっては、ごまかしのやり方を知ることが、おおいに役立つのである。

海外で日本料理をつくるとき、味噌と醬油をなんとか手に入れないことにはいたしかたない。日本製のものが手にはいらなかったら、中国製の味噌状の食品、醬油でごまかす。

また、少々高価につくが、醬油のかわりに、マギーのアロマというソースで代用させることもできる。

味噌と醬油はなんとかなったとして、いつも困るのは酢である。だいたいヨーロッパ製の酢は、日本料理に使うには刺激が強すぎて困る。そこで、白ブドウ酒でうすめるなどの手段をこうじないと、酢のにおいがツンときて、クシャミがでそうな酢の物になってしまう。

さて、英語の日本料理の本で酢について書いてあるところをみると、「日本の酢は米を醸造してつくり、独特の甘くやわらかな風味があるが、この風味は西欧の酢にはまったく欠けている種類のものである。代用品としては、醸造のリンゴ酢に砂糖を少量加えて使用したらよい」(Peter and Joan Martin, "Japanese Cooking" 1970, Penguin Books)とあった。こんど、海外で自炊をしなければならないときにはこの手でやってみよう。

米からつくった酢が主流

登山や探検の場合、人力で荷物を輸送しなければならないとき、食料の重量をなるべく減らそうと試みる。このとき、酢は氷醋酸で代用する。氷醋酸とは純度の高い合成の醋酸であり、温度が低くなると結晶するのでこの名がある化学薬品である。これを水で二十倍くらいにうすめたら酢として使えるので携帯用にはもってこいだ。しかし、ただ水でうすめただけでは、化学薬品的なはげしい酸味があるだけで、とうていうまいとはいえない。そこへ砂糖を入れたり、味の素を加えたりして、なんとか食品らしい味にしようと苦労した経験が何度もある。

戦後の食糧難時代、米を酢づくりになどまわせなかったとき出まわった合成酢は、氷醋酸と水にグルタミン酸ソーダやブドウ糖をまぜてつくったものなので、わたしがニューギニア高地などでつくった酢とまったく同原理の代物である。

経済的に豊かになった現在では合成酢は少なくなり、醸造酢が大部分を占めるようになってきた。ただし、現在出まわっている醸造酢には、二カ月以上かけて昔ながらの製法でつくるものと、発酵方法を合理化し、二、三日でつくるものと二種類がある。

長崎県の対馬では、昔ムギとムギコウジで酢をつくったといわれるし、カキやブドウの屑を発酵させた果実酢も日本で使われた。また、梅干をつくるときにできる梅酢や、スダチ、ユズ、ダイダイなどの果実の酸味も調理用に使用される。

だが、なんといっても日本の醸造酢の主流は、関西でよく使われる米酢と関東で好まれる酒粕からつくった粕酢である。原理的にいえば、酒に醋酸菌が作用して発酵したものが酢である。つまり、酒が酸敗したものが酢で、『倭名類聚抄』によると「ス」の別名に

「カラサケ」とある。米から日本酒をつくるわが国では米を原料とした酢が醸造酢の主流となったのは当然といえよう。

文献では、大化改新のさいにできた大宝律令に「造酢司」という官職があらわれるし、奈良の都では市で酢を売っていたらしいことがわかる。しかし、酢づくりが醸造業として確立するのは江戸時代になってからである。民間での酒づくりの伝統を考えると、安価な醸造酢が出まわるまでは、庶民のあいだでは、ふだん醸造酢を使うことはそれほど盛んではなく、梅酢や柑橘類の酸味が多く用いられたのではないかと思われるのだが、どうであろうか?

酒づくりの伝統と醸造酢が関係をもつということになると、殷の時代に酒池肉林などといっていた中国では、古くから醸造酢が発達していた、と思われる。中国人の食生活には酢が切りはなせない大切な調味料となっていることは、酢豚やクラゲのあえ物でご存知のとおりである。

旧約聖書のルツ記に「ここへきて、パンを食べ、あなたの食べるものを酢に浸しなさい」と書かれているのが、西洋の文献に出てくる酢の使用の記事の最初のようだ。

しかし、醸造酢の歴史は酒の歴史と歩調をあわせると考えたら、旧約聖書以前の時代から、中近東から地中海にかけての地帯にブドウ酒からつくった酢があったであろうと推定される。

フランスを中心としたラテン世界では、ブドウ酒がいちばん重要な酒となっているので、ふだん使用する酢はブドウ酒からつくったワイン・ビネガーである。イギリスのモルト・ビネガーは麦芽、オオムギ、エンバクでモロミをつくり、これを発酵させて酢にする。つまり、イギリスでよく飲まれるエールの材料からつくる酢なので、ビール酢ともいわれる。ドイツに多いスピリット・ビネガーは、蒸溜酒のアルコールを原料にしたものである。リンゴ酢はリンゴ酒からつくるといったぐあいに、各国で使用される醸造酢は、その土地で飲まれる酒の種類に関係をもっている。

酢をつくらない世界

太平洋の島々に住む人々は、白人によって酒がもたらされるまで、アルコール飲料を知らなかった。ここではもともと酢はなかった。そのかわり、ライムの実をしぼって、香り高く酸っぱい果汁を食物にかけて味つけをする。ポリネシアのトンガ王国ではライムのしぼり汁とココナツ・ソースに塩を加えた液体に、生魚の切り身を浸して食べる料理がある。ちょうど、魚のナマスのような味だ。

東南アジアでも、一種のドブロクが伝統的なアルコール飲料としてあったが、ここでは酢をつくらなかった。例外はフィリピンでニッパヤシなどからヤシ酒をつくるついでに酢づくりをする業者がいて、その酢が出まわっているが、このような醸造酢づくりの歴史についてはわからない。サハラ砂漠以南のアフリカでも、モロコシやヒエ類からつくった一種のビールやバナナ酒、ハチミツからつくったハニー・ワインなどのアルコール飲料があるが、酢をつくることはしない。どうやら、調味料としての醸造酢がつくられるのは、酒づくりが大規模に行なわれ、醸造業専業者が出現するような文明社会でのことのようである。家庭で酒づくりをする段階だったら、それを酢にするなどというもったいないことをせずに、酒の状態にあるあいだに飲んでしまう。

それでは巨大文明でありながら、宗教的理由により飲酒の習慣をもたない中近東のイスラム文明圏とインド文明圏ではどうであろうか。

北アフリカのイスラム圏にはいるリビアに例をとれば、この国で売っている酢は、すべてヨーロッパからの輸入品である。そして、それを使うのは主にリビアに住む外国人である。伝統的に飲酒の習慣を持たなかったこの国では酢をつくることはしなかった。酸味の加わる料理をつくるときには、オアシスに植えたレモンの実をしぼって使うのである。中近東の料理では酢のかわりにレモンがよく使われ、また酸っぱいヨーグルトやサワー・クリームも酸味を必要とする料理に加えられる。

わたしはインドでくらしたことがない。そこで、インド料理の本を読んでみたら、酸味を与える調味料としてレモンやオレンジの果汁、柑橘類の油、青いマンゴーの実、青いパパイヤの実、ザクロ、タマリンド、乾燥したパパイヤの粉などの果実類があげてあり、醸造酢を使用する料理は出てこない。

＊

トンガ王国にかぎらず、ポリネシアやミクロネシアの島々では、魚肉を生のまま食べる習慣がある。第一次大戦後、日本の信託統治領となったミクロネシアの島々では、生の魚肉に醤油をかけて食べることが定着してしまい、現地語でもサシミとよぶのがふつうだ。ふつう、ワサビをつけることはしないが、ミクロネシアのレストランではサシミにタバスコ・ソースかマスタードをそえる。このような薬味をそえることはなくとも、ミクロネシアやポリネシアでは、生魚の肉にはライムのしぼり汁をかけることが定法となっている。生魚はナマスにして食べるのだ。ライムの酸味によって、魚の生臭いにおいを消し、また魚肉の表面をしめる効果がある。蛋白質が酸によって固まる性質を利用しているわけだが、こんな理屈よりも、なんといっても、さっぱりした酸味と生の魚肉との相性がよいから好まれるのだろう。

西洋人は生魚を食べない、というのは少々誤解がある説だ。かれらにとって、サシミは加工していない生魚であり、料理の範疇に入れられていないのだ。ところが、酢づけのニシンは火熱を加えていなくても、ちゃんとした加工食品とされており、オランダや北欧の人々は酢づけの生ニシンをよく食べる。かれらに、酢にしたコハダやママカリのスシを食べさせても、びっくりしないだろう。

中華料理で酢を使うものといったら、涼拌(リャンバン)といわれる前菜にあたる料理で、たとえばクラゲの酢の物など、酢を使ったあえものがよく使われることと、砂糖と酢を使ってデンプンでとろ味をだした糖醋(タンツウ)——たとえば酢豚など——が主力であろう。ついでながら、西洋料理ではふつうピクルスかサラダにしか酢を使うことをしないので、酢を使ったあついソースはめずらしいらしく、欧米人は中華料理といったら、すぐスウィート・アンド・サワー……といった料理をおもいうかべるようだ。スウィート・アンド・サワー・ポークといったら酢豚のこと。糖醋鯉魚、すなわちコイの甘酢あんかけは、スウィート・アンド・サワー・フィッシュといったぐあいで、英語圏での中華料理のメニューにはやたらとスウィート・アンド・サワーがのさばっている。そのほか、酢を入れたスープもあり、中華料理ではあつい料理にも酢を使うくせに、生魚を酢であえることをしない。

もっとも、かつてはナマスがあったのだ。だいいち膾という字を日本人が採用したことからわかるように、古い時代から中国にナマスはあった。中国では膾という字がさきで、鱠という字はあとでできたといわれる。もともとのナマスは肉月であることからわかるように、動物、鳥類の肉のナマスがさきにでき、ついで魚のナマスが流行することになったらしい。台所に近づくことはしないくせに、食物にはやたらにうるさい孔子さんが「膾は細きをいとわず」といっているように、肉や魚を細く切ったものがもともとのナマスである。これをカラシ味噌のようなもので食べたり、さまざまな醬のたぐいであえて食べるのだが、やはり酢であえることが多かったようだ。ところが、遊牧民の王朝が支配した元の時代あたりから生魚を食べなくなり、ナマスはすたれて、現代では中華料理のメニューから姿を消してしまった。

江戸時代に醬油と薬味で生魚を食べるサシミが流行するようになるが、その以前日本人が生魚を食べるときは、はじめから酢であえたナマスにするか、サシミのようにして食べるときも、酢を主成分とした調味料につけて食べるのがふつうであった。コイやフナの洗いを酢味噌で食べるのは、醬油以前の生魚の食べかたの伝統を残すものである。ほかに、ショウガ酢、カラシ酢、煎酒《いりざけ》などが醬油以前のサシミによく使われた。煎酒というのは酒に梅干、カツオ節を入れて煮つめたものを冷やして用いる調味料である。

生魚に酢をとりあわせるほか、日本料理では酢の物が独立した一皿の料理としての位置をがんばって占めている。数品の日本料理をならべるとすると、酢の物が入らないことには落ちつきが悪い。漬物以外野菜を生食する風習がなかったので、西洋料理のように生野菜を酢の入ったドレッシングで食べることは、ダイコンやニンジンの精進ナマスくらいしかないが、ゆでた野菜や魚を酢であえる料理はやたらに多い。酢を使用した調味料でも、二杯酢、三杯酢、タデを酢にすりまぜたタデ酢、同様にしてつくるワサビ酢、クルミ酢、ショウガ酢、カラシ酢、ゴマ酢、白ゴマとトウフをすって酢にあわせた白酢……といったぐあいに、さまざまなものがある。味噌、醬油でなんでも味つけをする日本料理には西洋のソースにあたるものがない、といわれるが、なんのことはない、ドレッシングに関しては実に多種多様のものが発達しているのである。酢味噌などはマヨネーズ・ソースに匹敵するものである。

醬油出現以前に多様化した酢を使用した日本のソース類は、その後収斂《しゅうれん》の方向にむかい、現在家庭で常用するのは、酢醬油、酢味噌になってしまった。西洋の醬油としてうけとられたウースター・ソースはついに酢と結合することなく酢ソースなるものは出現しなかった。

酢味で調味するほか、におい消し、煮物をやわらかくするため、ウドやレンコンの白さが変色しないようにと、日本料理ではかくれた酢の使用法が発達している。家庭における日本料理のレパートリーの多さや、料理のうまさを採点するひとつの基準は日本酢の消費量で計られるとおもうのだが、どうであろう。

油　脂

油不足の日本料理

どうも、日本人にとって、あぶらっこい味は苦手のようだ。「あっさり」した味の料理が上等とされ、「しつこい」味は下品とされる傾向をもつ。「しつこい」味とは、脂肪の多い味で代表される。

そこで、ブタ肉でも脂肪層の多い三枚肉よりも、モモ肉のように赤身だけの部分が好まれ、肉屋での値段も、赤身のほうが高い。中国ではあぶら身を肥肉(フェイロウ)、赤身を痩肉(ショウロウ)といい、つい最近まで肥肉のほうが好まれ、値段も高かった。しかし、食糧事情の好転とともに成人病問題がとりあげられるようになり、現在では痩肉の値段のほうが高くなった。

韓国で中華料理をどう思うか二、三の人に聞いてみたところ、「ラードを使うので、しつこい味がする」という共通の答えが返ってきた。朝鮮料理では、食物を揚げたり、炒めたりするとき、動物性の油脂を使わず、植物油を使うのが一般である。ブタの脂肪の重厚な味はしつこく感じられるのであろう。それでも、日本とおなじく料理用の油脂は植物油一本ヤリであるというものの、朝鮮料理における油の使用量は日本よりもはるかに多いと考えられる。

朝鮮料理だったら、スープの味つけにもゴマ油を使う。それに動物性の脂肪を料理用の油としては使わなくても、ウシやブタなどの獣肉を食べることについてのタブーが元の支配下で消滅したので、伝統的には日本人よりもずっと動物性の脂肪を食べていたわけだ。肉とゴマ油なしの朝鮮料理は考えにくいし、中華料理は世界のなかでもいちばん油脂を活用する料理体系をもっている。こうして考えてみると、日本の伝統的料理は、なんともあぶら気の少ない料理であるか、ということに気がつく。

栄養学的にいえば、あぶら気のある料理のほうが合理的である。脂肪は同じ重さの蛋白質やデンプンの約二倍のカロリーをもっている。そこで、脂肪分の少ない食事をすれば、それだけ多量の食物をカロリー源としてとらなければならないことになり、消化器に負担をかける。日本人に消化器系の病気が多いのは、脂肪をあまり摂取せず、デンプンでカロリーを補っていることに原因がある、とも考えられる。

また、脂肪は皮膚の栄養にとって重要である。ネズミを脂肪分なしの食物で飼うと、皮膚がカサカサになり、毛にもつやがなくなることが知られている。

十五世紀のユーラシア大陸でいうならば、万里の長城とミャンマーの西側の国境となっているアラカン山脈をつなぐ線の西側の世界(すなわち、中国の長城以南、朝鮮、日本、東南アジアを除く地帯)が、家畜の乳を利用する地帯であった。だいたい乳しぼりをする文化をもっていたところでは、どこでも乳からとった脂肪が料理に利用されている。

乳からの脂肪といえば、バターをすぐ考えるが、バター状の乳脂肪製品はなにも乳牛の専売特許ではない。ヤギ、ヒツジ、ラクダなどの乳からもつくられる。また、世界的な分布でいえば、バターのように塊状に凝固したものよりも、液体状のバター・オイルのほうがよく用いられる。

インドでは、水牛の乳が脂肪分が多いのでよく用いられ、ギーと呼ばれるバター・オイルに加工されて、重要な調味料として用いられる。カレーに入れる肉や魚、カレー粉そのものも、ギーで炒めるのである。チベット高原では、ヤクの乳からギーと同様の製品をつくる。

北アフリカの砂漠地帯では、ラクダやヒツジの乳を皮袋に入れてゆさぶって、乳脂肪を分離して、バター・オイルをつくる。ヒツジの乳からつくったバター・オイルは若草色をしており、ほのかに砂漠の草のにおいがした。

インドでは、宗教上の理由でウシ、水牛は食肉にせず、もっぱら役畜と乳しぼり用にだけ使っている。

しかし、その他の地帯では、乳しぼりをする家畜はまた肉用の家畜ともなっている。そこで解体処理したときにあぶら身だけを別にしておき、それを熱したときに出る脂で炒め物をする。また、あぶら身を熱して脂肪だけを集めて、ラードやヘットのような製品をつくる。

北アフリカのオアシスで露店市が立ったのを見物に出かけたところ、得体の知れない白い塊りがならべられていた。聞いてみると、ラクダのあぶら身からつくったラードのようなものであった。それを買いこんでフライをつくってみたところ、あの不細工な図体をしたラクダに似合わず、くせのない上品なあぶらの味がしたので見直したことがあった。

ゴマ油のふるさとアフリカ

ヨーロッパの北部では、揚げ物や炒め物のように加熱用の脂肪には、バターやラード、ヘットあるいはガチョウの脂肪などの動物性の油脂がおもに用いられ、植物油はサラダの味つけやマヨネーズ、タルタル・ソースなどの冷たいソースをつくるのに使う、といった使いわけがみられる。南へくだって地中海圏にはいるとオリーブ油の比重がまし、揚げ物からサラダづくりまでの万能の料理用の油として用いられるようになる。さらに南下してサハラ砂漠の遊牧民やオアシス農耕民のあいだではヒツジ、ラクダの乳からつくったバター・オイルとあぶら身が重要な料理用の油に用いられるようになる。

サハラ砂漠とギニア湾にはさまれた地域とその東側への延長地帯――大まかにいえば、アフリカ大陸を横断する北緯五度から十五度のあいだの東西のベルトを大西洋岸のセネガルからエチオピア高原まで想定する――そこは植物性の油がとれる作物のふるさととして重要である。ゴマは西アフリカのサバンナで開発された栽培植物である、と考えられる。そしてアフリカからインドへ伝わり、インド以東のアジアにおけるもっとも重要な植物油の位置を占めるようになった。ヒマやベニバナ、アブラヤシ、シーア・バターなどの油料作物もここで栽培化されたと考えられる(中尾佐助『ニジェールからナイルへ』講談社、一九七〇年)。

アブラヤシは西アフリカの海岸地帯の原産であり、その果実を発酵させたり煮たりしてやわらかくして、つぶすとパーム油がとれる。それは、西アフリカでは常用の食用油として重要であるし、輸出されてマーガリンの原料となる。シーア・バターはアカテツ科の木であり、西アフリカのサバンナ地帯に野生している。果実を採集して一種の地炉で加熱したのち、臼でついて油をしぼる。マリのバンバラ族のあいだで生活した人の話だと、モロコシの粉でつくったダンゴをシーア・バターで揚げたものが主食となっているそうだ。

このほかに東南アジアや太平洋諸島でよく用いられる植物の油脂にココヤシの油があるが、ココヤシの果肉であるコプラから工業的に油をしぼるようになったのは新しいことで、「おろす道具」の章で述べたように、もっぱらココナツ・ミルクのかたちで調味料として使われていた。

現在ではワタの種子や大豆などさまざまな植物から油をしぼる技術が発達したが、昔の技術での油しぼりは、油を多く含んだ少数の作物に限られていた。動物性の油脂を使用しなかった日本では、ゴマ、エゴマ、カヤ、ツバキなどが用いられたが、なんといってもゴマ油が上等のものとされていた。奈良時代の天平九年、伊豆国の正税帳によってゴマ油の値段を米に換算すると、ゴマ油一升がなんと米四斗五升ぶんに相当したという。たいへんな貴重品であり、これでは庶民の口にはいりっこない。

それに、これらの植物油は食用ばかりではなく、灯油、髪油としても用いられた。髪からゴマ油のにおいがすることもあったのである。庶民は灯火用の油さえも節約していたので、多量に油を消費する料理用にはなかなか回せなかった。日本料理があぶら気の少ないものとなったゆえんである。

江戸時代になって、安価なナタネ油の問屋や株仲間が結成され、ナタネ油が出まわることによって、ゴマ油が食用専用の油にようやくなったのである。テンプラ、トウフのアブラアゲなど油を多量に使用する料理が出現するのも、江戸時代になってからである。

さて、いちばん基本的な調味料である塩の使い方を考えるとき、脂肪の多い料理だったら塩味だけでもけっこうおいしい。そのことはビフテキを考えたらわかることだ。ところが、脂肪の少ない魚肉とか、野菜類を塩味だけで煮るとしたならば、うま味がない。脂肪を調味料として使わないとすれば、塩味の緩和剤としてのうま味を補う必要がある。そこで、油をほとんど使わない料理体系であった伝統的日本料理では、塩味の緩和剤として「だし」が重視されることになる。

*

ご主人の日本人があぶら気ぬき、けだものの肉ぬきの食事をとっていたのだからしかたがない、日本のイヌやネコまでが同様の食生活でしんぼうしてきたのである。ロンドンあたりの動物愛護協会の会員たちの筆法をもっていうならば、人間は雑食性の動物なので、それほど同情しなくてもよいかもしれない。気の毒なのは、日本人に飼われたイヌ、ネコである。

もともと肉食性の動物なのに、日本に生まれついたばかりに、残飯のライスに味噌スープの残りをぶっかけた食事をとらなくてはならない破目になり、一生肉にありつかずにすごさなくてはならなかった。ときたま動物性蛋白質のおめぐみがあったとしても、魚の頭や内臓くらいのものだ。イルカやアライグマとまちがえてもらってはこまる。イヌやネコはけだものや鳥の肉を食う習性であって、海や川で器用に魚とりをするようには生まれついていなかったのだ。

イヌは食生活の不満を解消する手だてとしては、せいぜい近所のニワトリをおそうくらいのことしかできないが、座敷にあがることができるネコにとってはつまみ食いのチャンスは比較的多い。脂肪分のない餌の不満を植物油のあぶら気でおぎなおうという賢いネコがでてくる。

明治時代に石油ランプに切りかわるまでは、植物油といってもその主な用途は灯火用である。そこで、灯明皿の油をなめるのがネコにとっていちばん手っとりばやい方法である。あぶら気ほしさの一心で、四足歩行の動物が無理をしてのびあがって二本足で立って、行灯の油をペロペロなめる姿が、障子の影にうつると、それこそバケネコということで一騒動もちあがることになる。人間でもなかには、あぶら気なしではがまんできない娘さんなどがいて、夜中に首だけのびて灯明皿の油をなめる習性ができて、人に発見されるとロクロ首ということで、見世物小屋のスターになる。あぶら気のない食事文化の生んだ悲喜劇である。

日本の油料理の代表的なものといえば、テンプラということになるが、その普及はずいぶんのちのことである。テンプラの語源はポルトガル語、あるいは中国語であるという説があることからわかるように、これは外来料理でしかも南蛮人か中国人から伝わったものである可能性がたかい。徳川家康が上方で、最新流行の料理であるタイの油揚げ料理を食べたのが原因で死んだ、という話でもわかるように、十七世紀のはじめ頃はまだ珍しい料理法であった。江戸でテンプラ屋ができるのが、十八世紀後半の安永から天明年間のことといわれる。

家庭料理としては油を大量に消費するテンプラをつくることはあまりしなかったようだ。トウフ屋がつくるアブラアゲ、飛竜頭《ひりようず》のような油を使った既製食品を買ってくるか、少量の油ですむケンチン汁にして食べるぐらいだったろう。

幕末に書かれた『守貞漫稿』には、京阪でいう飛竜頭が江戸ではガンモドキというと書かれている。それ以前の料理書で、コンニャクに葛粉をまぶして油で揚げた料理をガンモドキと述べているものもある。トウフとコンニャクのちがいはあるにせよ、油で揚げた味を脂肪分のおおい雁の肉の味にたとえたところがいじらしい。

アブラアゲ、飛竜頭などというトウフの加工品の料理は寺院で発達した。元禄時代に書かれた『本朝食鑑』のアブラアゲの説明のところにも「僧家これをもっとも賞す」とあり、僧侶がアブラアゲ好きだったことが書いてある。精進をまもるためには、たてまえとしては僧侶は魚を食べることもできない。動物性蛋白質をとることができないので、植物性蛋白質の塊りであるトウフの料理が発達した。というのは、まあ、のちになっての説明のしかたであり、僧侶が近代栄養学の知識をもっていたわけではない。うまくて、身体にいいということでトウフをさまざまに加工したのだろう。

寺のなかでも、とくに禅寺で精進料理の技法が発達した。鎌倉時代以来日本化した諸宗にくらべて、禅宗は江戸時代にいたるまで、中国とのあいだに絶えざる人物交流をおこなっていた。そこで、あちらの料理が禅寺にどんどんとり入れられたのだ。世界一油脂の利用がすぐれている、といわれる中華料理のことである。禅寺には植物油を使った料理が種々伝わっている。

黄檗宗の普茶料理で雲片(ウンペン)というものがある。さまざまな野菜のくずを細かくきざんで油いためにして、あんかけにしたものだ。なんのことはない、野菜だけでつくった八宝菜だとおもったらよろしい。斎菜館とよばれる現在の中国の精進料理店にも雲片の名称は残っている。たとえば、クアラ・ルンプルの斎菜館の献立に青椒雲片というものがあった。ピーマンを主材料として八宝菜じたてにした料理のことである。

雲片とおなじように野菜を少量の油でいためたものを汁の具にするとケンチン汁ということになる。ケンチン汁は建長寺汁がなまったとも、中国音のケンチェン(巻繊・巻煎)から出たもので中国から伝わった卓袱料理に起源するともいう。いずれにしろ、禅僧が好み、それが大衆化したものである。

岩手県の僻地の食生活の記録をみると、農民の料理に油が使われるのは、正月、田植、盆の三回が主なものであるという。正月にはケンチン汁と揚げ物、田植どきには油飯、盆には揚げ物をつくった。最近になるまで田舎での食生活はあぶら気にとぼしいものであったことを物語っている。また、雪にとざされた寒い正月、労働のはげしい田植どき、体力のおとろえた盛夏に身体に油をさしているというのも、また生活の知恵というものであろう(高橋九一「僻地の食生活」『食生活近代史』雄山閣、一九六九年)。

この油飯というのは、カンピョウと油を入れて炊いた飯のことである。沖縄でも、五目飯に油を入れて炊くことがよくおこなわれるが、一般論としては伝統的な日本の飯の炊きかたとしては特殊なものである。油飯という名称は『倭名類聚抄』の昔からあらわれるが、名前だけが古くからあってふつうは見かけないものであったろうことは、「今蝦夷飯食ニ、油ヲ加ヘテ喫ス、我人コレヲ異トスレドモ……」(『諼草《けんそう》小言』)というような記事からもうかがえる。日本で飯と油が結合するのは、炒飯の流行以来のことである。主食の料理法に油がとり入れられていないことからも、日本の料理が油の欠乏症であることがわかる。

朝鮮料理では飯やカユにゴマ油を加えて炊くことがある。中国では油を加えて炊くことは一般的ではないようだが、炒飯がある。インドから西の世界へいくと、米には油を加えて炊くのが原則となる。インドでのプラオという一般的な米の炊きかたではギーというバター・オイルを入れるし、その西のパキスタンからモロッコまでひろがるイスラム圏でも、米を炊くときには油を入れてピラフにするのがふつうである。イタリアのリゾット、スペインのパエィヤもオリーブ油をたっぷり使った米料理である。パンにバターがつきものとなっている北ヨーロッパでは、飯は主食としてのとりあつかいをうけず、料理のそえものであるが、それでもバター・ライスのように脂肪を使った料理法となっている。

新大陸からの贈り物

チャドのホテルで

そのときは、ほんとにお金がなかった。砂漠のなかで自動車が故障してしまい、三日間予定外の野宿をしたので、チャド共和国の首都であるフォール・ラミー(現在ではンジャメナと改称)の町に着いたのは、スーダン行きの飛行機が出てしまったあとだった。次の飛行機の出るのは一週間さきのことである。なんとか一週間食いつながなくてはならない。

町中歩きまわって、奇跡的に安い部屋をみつけた。フランス人の経営するホテルであった。ホテルのなかでその部屋だけは冷房がついていないのである。その月、フォール・ラミーでは平均気温が四十一度であった。

朝食はぬき。昼食はアフリカ人マーケットへ行って、焼き魚のたぐいを買って立食する。そのかわり晩飯だけは、ふんぱつしてホテルで食べた。ホテルの経営者の奥さんで、百キロはあろうかと思われるブルターニュ生まれのおばさんが、黒人を指揮してつくった料理だ。材料のそろわない土地柄を考えると、実に苦心してつくった立派なフランス料理であった。その料理を食べることが、財布の中身が乏しいわたしにとっては、フォール・ラミーでの唯一のぜいたくであった。一口ずつ味わいながらまじめに食べるわたしは、泊まり客のなかでもおばさんからいちばん好意的にあつかわれた。

それにたいして、おばさんがいちばんきらったのはアメリカ人の娘さんであった。彼女が夕食のときに飲むものは、ワインでも水でもなく、コーラかオレンジジュースである。それだけでもおばさんにとっては料理にたいする冒とくに思われるのに、こともあろうにおばさんの苦心の作のソースのうえに、彼女はトマト・ケチャップをたっぷりとかけてかきまわしてしまうのだ。彼女がトマト・ケチャップのビンをとりあげるたびに、おばさんは調理場のほうから、わたしに向けて肩をすくめてみせるのだった。

塩、コショウのほかに、各種の調味料のビンが西洋料理の食卓にならべられるようになったのは、新しいことである。ウースター・ソース、味つけをしたマスタード、トマト・ケチャップ、ペッパー・ソース、いずれも十九世紀後半以後のことである。それまでは、市販される既製品の調味料としては酢があったぐらいのことらしい。

一方、日本では十七世紀から市販の味噌、醬油を使っていたことを考えると、やはり日本とは料理の体系がまったく異なることに気づく。日本料理のほとんどは、味噌、醬油がないとつくれないことになるが、西洋料理は既製品の保存調味料がなくても、いっこうにこたえないのである。また、さきに述べた洋風の市販調味料のうちマスタードを除くと、あとのものはアングロ・サクソンが開発した調味料であることも面白い。イギリスには三百六十の宗教とたった一つのソースがあり、フランスには一つの宗教と三百六十のソースがある、ということわざがある。家庭でこったソースをつくらないアングロ・サクソンが、そのかわりに手軽に使える市販のウースター・ソース、トマト・ケチャップ、ペッパー・ソースをつくったのだ。一方、家庭でつくるこったソースの種類をほこるフランス料理は、既製品の調味料にたいする抵抗が強く、ホテルのおばさんをおこらせるわけである。

ヨーロッパでトマトがソースとしてよく使われるようになったのは、なんといってもスパゲティの類を食べるイタリアでのことである。トマト・ソースはイタリア経由でフランスやイギリスにはいってくるようになった。

十九世紀のイギリスのある料理書には、五種類のトマト・ソースと、三種類のトマト・ケチャップのつくり方が出ている。しかしいずれも、自家製の調味料としてであり、まだこの時期には市販品は出現していない。注意すべきことは、トマトを使ったこの八種類の調味料の調合には、いずれもトウガラシが用いられていることだ。トマトとトウガラシという新大陸原産のこの二つの作物は、昔から相性がよかったのだ。現在のアラブ料理も、トマトとトウガラシを基本とするソースをいちばんよく使う。

一九〇〇年以前には、イギリスの家庭では、トマト・ケチャップはほとんど知られていなかったが、二十世紀になって大手食品メーカーによる大量生産がおこり、第一次大戦のはじまる頃には、イギリス中の家庭に浸透するまでになった。フランスの料理書をみると、トマト・ケチャップはイギリスの調味料である、と書いている。トマト・ケチャップの、アメリカでの産業化の歴史については知らないが、なんといってもトマト・ケチャップを世界中にはやらせたのは、アメリカ人であろう。アメリカで大流行したハンバーグやホットドッグとともに、アメリカ人の行くところトマト・ケチャップあり、ということになる。

日本のソース・メーカーが、トマト・ケチャップの製造をはじめたのは明治四十年のことである。明治三十七年出版の『常盤《ときわ》西洋料理』という本に、トマト・ケチャップのつくり方が出ているが、その見出しは「トマト(赤茄子)キャットサップ」とある。その項の英語のタイトルは Tomato Catsup と書かれている。中国語かマレー語かという語源説がもめていて、さまざまな英語のスペリングをもつケチャップという言葉のなかでも、いちばん読みづらい Catsup にあたって、訳者が苦労したあとがしのばれるのだ。

本文は「キャットサップを拵《こしら》ふるには沢山の赤茄子を要す……」とはじまり、できあったケチャップは清潔なビンに入れ、きれいな木綿でフタをして、冷たいところへ置けば一年ぐらい保存することができる、とある。いまでいえばたかがケチャップであるが、当時家庭でつくるとなると、たいへんなことだったのだ。

ペッパー・ソースの普及

トマトにもまして、新大陸原産の作物で、世界の味を変えたものがトウガラシである。ミクロネシアのポナペ島では、白人がトウガラシを持ってくるまで、カライという味を表現する言葉がなかった。現在ではカライということをカランガランというが、それはトウガラシをあらわす植物名でもある。また、トウガラシを塩とまぜてつぶし、ライムをしぼりこんだ調味料をつくって、パンの実料理や魚にかけるが、この調味料の名もカランガランである。

朝鮮半島ではモチ米と大豆コウジ、塩、粉トウガラシを発酵させてつくったコチュジャンというトウガラシ味噌が、大切な調味料として使われているし、日本の七味トウガラシやカンズリ、中国の辣椒醬(ラージャオジャン)など、トウガラシは世界各地で調味料として使用されている。なかでも世界性を獲得したのは、タバスコなどのペッパー・ソースであろう。

家庭でも単純なペッパー・ソースをつくることができる。辛い味の好きな方は鷹の爪の類、おだやかな味にしたければ赤く熟したピーマンを、いずれも生のままでビンのなかにいっぱいつめる。塩を適当にまぜ、酢(たとえばハインズのモルト・ビネガーのようなホワイト・ビネガーがよい)をいっぱい入れ、ビンのせんをして二カ月もほうっておいたら、トウガラシの香りと辛味が酢にうつる。これは、日本料理の魚の塩焼きなどにかけても味がよく合う。沖縄ではトウガラシを泡盛に漬けたペッパー・ソースがある。

タバスコのような商品になると、もっと手がこんでくる。摘みたてのトウガラシを、カシの樽に塩と漬けこんで三年くらいおき、トウガラシを発酵させる。つぎにビネガーとまぜ、裏ごしにかけてビンづめしたものである。

商業用のペッパー・ソースは、アメリカ人の発明で、タバスコは明治元年にすでにパテントをとっているので、欧米における市販の調味料としては、いちばん歴史の古いものの一つである。

さて、トマト・ケチャップもペッパー・ソースも、新大陸原産の作物からつくるものであり、その普及にはアメリカ人が一役買っている。アメリカ人の進出とともに、世界各地のホテルの食卓に、塩、コショウ、マスタードとならんで、トマト・ケチャップとペッパー・ソースがおかれるようになった。

しかし、わたしのようにニューギニアやアフリカでの安宿ばかり回っている者にとっては、ケチャップやペッパー・ソースがあるのは救いになることが多いのである。それでなんとか舌をごまかして、まずい料理の食事をすませることができたりする。
日本人が世界に誇るべき万能調味料である醬油も、このような道をたどる可能性をもつ。アフリカでも、日本人がよく泊まるホテルの食卓に、醬油の小ビンがならんでいるのを見かけることがあるのだ。

*

トウガラシは香辛料として食欲を促進するだけの役目しか持っていないように考えられがちだが、なかなかどうしてヴィタミンを多量にふくんだりっぱな食品なのである。トウガラシのなかにはヴィタミンCがレモンの倍ふくまれているし、熟したトウガラシの赤色の正体はヴィタミンAの母体となるカロチンである。七味トウガラシのかたちでウドンのうえにひとふりするくらいではヴィタミン摂取源として取るにたりないが、食べ物を赤く染めてしまうほどトウガラシを多用する朝鮮料理、西アフリカ料理、インド料理などになると、トウガラシは重要な栄養食品として使われているといえよう。いっぽう、トマトもまたヴィタミンEとC、それに鉄分を多くふくんだ栄養食品である。赤い色をしたこの二つの栄養食品の相性はなかなかよろしい。

辛味のきついトウガラシをチリーとよぶのは、チリーの国が原産であるからだと誤解されがちであるが、その名称の由来は国名と関係なしに、メキシコおよび中米のナワトゥル語でチィレとよばれたことからでたものである。トマトという名もナワトゥル語から出たもので、ホオズキなどのいくつかのナス科植物をさす名称が栽培種のトマトに転用されたものである、という。栽培トマトが成立したのはアステカ文化においてのことである（田中正武『栽培植物の起源』NHKブックス、一九七五年）。

十六世紀の後半に、昔のアステカ文化圏にあたる中央アンデスとメキシコに滞在したホセ・デ・アスコタはこの地方で、トウガラシのからさをやわらげるためにトマトがいっしょに料理に用いられていることを述べている（アスコタ、増田義郎訳注『新大陸自然文化史』岩波書店、一九六六年）。この伝統が現在でもひきつがれ、メキシコや南米の料理では、トマトとトウガラシをあわせてつくったソースが使用されることが多い。メキシコ料理のタコスのソースにもトマトとトウガラシを使ったものがよく出てくる。

トマトとトウガラシの相性のよさを利用した料理法が新大陸から直接ヨーロッパに伝わったとは考えられない。ヨーロッパでは、たとえばトウガラシははやくから香辛料として利用されたのにたいして、トマトはながいあいだ観賞用植物としてとどまっていた。その後、各地でトマトとトウガラシの相性のよさを発見した料理がつくられる。東ヨーロッパでは甘味のあるトウガラシであるパプリカを使った料理が多いが、その代表であるハンガリア・グラーシュという肉のシチューでもトマトとパプリカでソースをつくる。

　しかし、なんといってもトマトとトウガラシをいっしょによく利用するのはアラブ系の料理と、その影響をうけたサハラ砂漠南縁地帯のアフリカ料理であろう。

　カイロやアルジェのような都会でのアラブ料理を食べていたらば、トマトとトウガラシの重要さはわからない。レストランの料理ではサフランにはじまるさまざまな香辛料を使用した色とりどりのソースにいろどられた豪華な皿の数々に目をうばわれ、赤く辛いソースの料理は一皿ぐらいしか目につかないこととなる。だが、市場を見たらばそこであつかっているトマトとトウガラシの量に驚かされる。それはアラブ料理の基本的なソースの素になっているのだ。

　地中海から七〇〇キロほど奥地へ入ったリビア砂漠のただなかのオアシスの村。そこにはつい近頃まで砂漠のなかで、ラクダを放牧して生計を立てていたベドウィン系の遊牧民たちが住んでいた。砂漠でくらしていた頃の常食は乾燥したナツメヤシの実とラクダの乳。ふだんの食事には火も水も必要としなかったのだ。煮炊きする料理は客がやってきたときなどの御馳走つくりのときだけであった。かれらの御馳走はなんであるか。それはトウガラシ入りのトマト・ソースで煮たヒツジやラクダの肉である。

現在では石油ブームのおかげで金まわりがよくなり、いつでもかつての御馳走を食べられるようになった。すると、どこの家の台所でもそなえるようになったのが、塩と油とトマトとトウガラシである。油はラクダの脂肪も使うが、地中海から入ってきた缶入りのオリーブ油の使用も多い。トマトはトマト・ペーストの大缶を使うか、乾燥トマトである。トウガラシはもちろん乾燥トウガラシで、これも地中海から運ばれてきたものである。金まわりがよくなってから缶入りのオリーブ油とトマト・ペーストを日常の食事に使うようになったので、オアシスのまわりの砂漠は捨てた空き缶だらけである。

ところで、トマト・ペーストは日本でもおなじみであるが、乾燥トマトとはいったいどんなものか。トマトのように水気たっぷりの果実の乾燥品とは、と首をかしげられるかもしれない。だが、なにも特別の仕掛けで加工したものではない。もぎとったトマトを天日で乾かしただけのものである。なにしろ、世界の砂漠のなかでもいちばん乾燥しているといわれるリビア砂漠のことだ。人間でも水気をとらずに二日いたらば、「ドライ・アップ」すなわち乾上がって死んでしまうといわれる。もいだトマトを地面に数日置いておくだけで、くさるいとまもなく水分がすべて蒸発して乾燥トマトになってしまう。しわだらけで、赤黒い色をしたまるで梅干の親玉のような形をしているが、手にとると紙くずの玉をひろったようにたよりなく軽い。水気というものがいっさいないのだ。ぎゅっとにぎるとバリバリと音をたててくだけてしまう。

さて、乾燥トマトを使ったベドウィン料理のヒツジ肉の煮こみのつくりかたを紹介しよう。まず、日本の鷹の爪くらいの辛味のある乾燥トウガラシをひとつかみ真鍮製の乳鉢に入れて、おなじく真鍮製の乳棒でつきくだく。乳鉢、乳棒などといったシャレた道具のない家庭では、凹んだ石の上にトウガラシをのせ、まるい石を手にもってガンガン叩いてトウガラシをつぶし、つぎに乾燥トマトを数個入れてつぶす。トマトもトウガラシも粉末状になるまでつぶしてしまい、赤い粉にする。深ナベにヒツジの脂肪とヒツジの肉のかたまりを入れて炒める。肉を焼いている間にタマネギを入れるのだが、まな板などないところなのでタマネギを手に持って、宙で切り落とす。肉とタマネギ炒めの上に、トウガラシとトマトの粉をたっぷりまぶし、水少々と岩塩を入れて肉がやわらかくなったらできあがり。

簡単な料理なので、スリバチで鷹の爪をつぶしたうえに、市販のトマト・ペーストを混ぜることによって、日本の家庭でつくることもできる。ただし、トウガラシをひかえ目にしたらば、この料理の持味は失われてしまうから御注意。食欲のない夏にこの料理をつくったら、いくらでも食べられるが、口のなかの火事を消すために酒もずいぶんと飲むこととなる。

このベドウィン料理をヒツジのシュルバーとよぶ。シュルバーとはアラビア語でスープやシチューのたぐいをさすことばである。ヒツジのシュルバー、ラクダのシュルバーというふうに使用する材料のちがいがあるだけで、リビア砂漠のベドウィン料理の煮こみはすべてシュルバーである。事実上、すべてのシュルバーはトマトとトウガラシのソースを基本的な材料としており、この両者の結びつきの強さをしめしている。

醬

中国の醬

「君子たる者が台所へ首をつっこむようなはしたないふるまいをしてはいけない」と、いいながら孔子先生はどうしてなかなか食べ物についてもうるさい人であったようだ。『論語』に「不時不食、割不正不食、不得醬不食」とある。

「時ならざれば食わず」とは、食事時間以外のときにやたらに飲食するな、という意味に解釈する人もあるが、前後の関係からいったら、食事の季節に関する注意とうけとったほうがよさそうである。つまりシュンのものを食べろ、ということだろう。

「割く正しからざれば食わず」とは、包丁を正しく使え、材料に合った料理をしろ、さもなければ食ってやらないぞ、ということのようである。

それでは次の「醬を得ざれば食わず」とはなんだろうか。

現代の中国語で、醬(ジャン)というと広義と狭義の二つの用法があるようだ。狭義の醬とは大豆、ムギ、米などをこうじで発酵させ、塩味をつけた調味料のことである。日本の味噌類にあたる。しかし、中国の醬は味噌よりは塩辛く、味噌汁にするわけにはいかないようだ。

醬をしぼって液体をとったものが醬油（ジャンユー）であり、日本の醬油にあたる。ついでながら醬油の油とはあぶらという意味ではなく、液体という意味である。

いっぽう、茄醬（チェジャン）と書いたらトマト・ソース、豉椒醬（グウジャオジャン）はトウガラシ味噌、芝蔴醬（ジイマオジャン）はあたりゴマのことであることからわかるように、多くの調味料に醬ということばがつけられ、ソース類をあらわす名称ともなっている。

古代の中国では、鳥獣肉や貝類、魚類でつくった塩辛のたぐいと、大豆などを原料とした味噌のたぐいを総括して醬といったようである。そこで基本的には発酵食品の調味料が醬の主流を占めていた、と考えられる。

『周礼』によると王の食用に供する醬には百二十種もあり、料理の種類によって用いるべき醬がきまっていた、という。そこでさきの孔子のことばは、「料理にあわない種類の調味料が使われているときには食べない」という意味に解釈すべきである。

その後、中国では塩辛の系統でペースト状の醬はすたれてしまい、現在では一般に使用されるものとしてはアミでつくった蝦醬（ジャージャン）くらいのものである。そして、味噌、醬油と同系統の醬がいちばん使われるようになった。

この頃では、アフリカのナイロビのスーパーマーケットでも日本製の醬油が並べられるようになった。だが、醬油の輸出がアメリカあたりにかぎられていた頃には、海外に住む日本人にとっては、いかにして醬油を確保するか、ということが大問題であった。

醬油で煮物をするのは、日本人の客がきたときぐらいにしておき、ふだんはつけ醬油にしか使わず、ひとビンを一年くらい長持ちさせて使ったりする。そして、華僑から塩からく色のさえないカラメル入りの中国醬油をわけてもらっては、それに砂糖を加えたり、味の素を入れたりして、なんとかごまかして使うとか、さまざまな涙ぐましい物語があった。

現在の日本料理の味つけは、味噌、醬油産業の発達が日本料理の味の多様性の発展の可能性をかえってさまたげてしまった、といえるかもしれない。だが、味噌、醬油の味つけに慣れてしまったわたしたちにとっては、もはやこの二大調味料なしでは暮らせないのである。

海外でわたしが自炊した経験によれば、日本料理の九〇パーセント以上が、味噌、醬油なしにはつくれないのである。

アフリカでもオーストラリアでも、中華料理屋には日本人や、ときには韓国人がたむろしている。毎日つづくヨーロッパ風の食事にあきたら、日本、朝鮮両民族はみな中華料理に集まるのである。それはナイフ、フォークではなく、ハシが使えるというほかに、味噌、醬油系の調味料を使って調理した味に舌が親近感をおぼえるからである。

主婦は醸造技師だった

日本では大宝元年（七〇一年）に醬院という役所ができ、役人たちにタマリや味噌のたぐいを配給したことが知られている。

しかし、都市をのぞくとつい最近まで、味噌は自分の家でつくるものであり、味噌から出た汁をタマリとして現在の醬油の役にあてていた。

現在では日本料理の味つけにおいては、味噌よりも醬油のほうが重要である。しかし、味噌桶ににじみでるわずかばかりのタマリをとって使っていたかぎりでは、つい近頃まで農村ではふだんの味つけは味噌味であり、醬油味の料理は盆、正月などの物日にかぎられていたのである。

味噌汁をふだんに飲みだしたのは、室町時代からあとのことである。それまでは、味噌は煮物にわずか使うほかは、食品につけて食べる卓上調味料としての用途が大きかった。味噌からにじみ出るタマリから現在の醬油への技術革新が行なわれ、醬油産業が成立し、都市の人たちが商品の醬油を使いだすのが室町末期から江戸時代のはじめのことである。

ここで味噌汁と醬油味という日本人の食事パターンが成立するのだ。
だが、「手前味噌」をほこり、「買い味噌」を恥じるならわしは、農村部ではところによっては昭和になってからもつづいていた。

韓国では現在でも味噌、醬油は自家製のことが多い。ソウルのアパートの屋上に味噌をしこんだカメがならんでいたりする。

現在では忘れさられつつあることだが、日本のひと昔まえの主婦たちは味噌、タマリ、酒づくりなどの発酵、醸造技師でもあり、日常の食事の手間だけではなく、調味料、酒づくりのための手間と微生物の管理に関する細心の注意を要する仕事をになっていたのである。

醬の文化圏

味噌、醬油に代表される大豆、穀類の醬が重要な調味料となっているのは、中国、朝鮮、日本である。これを醬の文化圏と名づけよう。醬の文化圏の西南に接して、魚醬の文化圏がある。

魚醬とは魚を発酵させてつくった塩辛状の調味料であり、日本でいえばイワシ醬油、しょっつるにあたる。液体状にしたものだけではなく、塩辛そのものを調味料的に使用することもあるので、広義の魚醬は液体状の魚醬油と塩辛を含むと定義しておいたほうがよい。

古代ローマではガラムと呼ばれる一種の魚醬油があったことが知られているが、その製法については今日ではわからない。アンチョビー・ソースも魚醬油の一種である。だがヨーロッパの魚醬は東南アジアのようなひろい発達はとげていない。古代中国の醬に魚醬のたぐいが含まれていたことは、さきに述べたし、現在でも中国南部では魚醬が使われるようだが、蝦醬というアミの塩辛をのぞいては、塩辛のようなペースト状のものではなく、液体状で醬油と同様にビンにつめて売られている。

東南アジアでは、ベトナムのニョク・マム、ジャワのトラシなどもはや中国ではすたれてしまった淡水魚やアミのたぐいでつくった魚醬が日常の重要な調味料として多く使われるのである。ベトナム料理ではまさしく醬油のようにニョク・マムが使われている。

さて、醬、魚醬はいうならばレディーメードの調味料である。しかも、料理のさいに、ほかの調味料はなくても、それだけ使ったら、塩味、香り、色などを含んだ特有の味つけをすることができる万能調味料である。

このようなレディーメードの液体、あるいはペースト状の万能調味料は醬、魚醬文化圏以外、伝統的な世界では発達しなかった。ウースター・ソース、トマト・ケチャップが産業製品化して普及しはじめるのは十九世紀以後のことである。

わたしたちには万能調味料が定着しているから、欧米人とはソースに対する感覚が異なったものになっている。ソースといえば台所で料理に合わせていちいちつくるものではなく、ウースター・ソースのことであり、それも醬油とおなじく料理にかけて味つけをする使いかたをしてしまう。

大豆、穀類の醬の文化圏を地図の上にえがいてみると、それは本書で述べてきた、ハシ、まな板、ナベ料理の文化圏とみごとに一致するのである。

＊

馴れずしというものがある。いまでは琵琶湖の鮒ずしくらいしか、ほんとうの馴れずしは残っていない。鮒ずしは、鮒のウロコと内臓をとり、いったん塩づけにする。土用の頃、塩出しをした鮒を米飯と交互に桶のなかにつみ重ね、重しをしてつけこむ。半年ほど置いて、翌年になってから食べる。薄く切って酒のつまみにすると、この味に馴れた者にとってはこたえられない。しかし、発酵食品の常で好ききらいの個人差がおおきく、きらいな人はにおいをかいだだけで食べる気がおこらない、という。上手につけた鮒ずしは、桶からとりだしてすぐ食べたら、そんなににおいはせず、乳酸のこくのある風味のあるものであるが、当たりが悪ければ特有の悪臭にあてられることになる。

鮒にかぎらず、古代にはアユその他の魚やイノシシ、シカの肉でも馴れずしをつくっていた。飯につけこんで乳酸発酵をおこさせることによって動物性蛋白質を長期にわたって保存するのが、馴れずしである。長く保存しているうちに飯はくずれて食べられないようになって、魚だけを食べる――すなわち動物性蛋白質の保存法であったものが、そのうちつけこんだ飯もいっしょに食べるように変化した。つけこみの期間を短縮して飯は発酵していくぶん酸味をしているが、魚はまだ生に近いうちに食卓にのせるようになる。これを生成《なまなれ》という。ついで、飯も発酵させず、飯に酢を加えたすし飯にして、魚にも酢をあて、味をなれさせるために一昼夜くらい魚と飯をいっしょに押しただけで食べるようになったのが、現在の京都のサバの棒ずしや大阪の小鯛の雀ずしである。十九世紀になって握りずしができるが、こうなるともう魚の保存食品どころか、ネタは新しいほどよいということになり、酸っぱいすし飯のほうにだけ馴れずしの名残りがかろうじてうかがえる、ということにあいなった。すしの歴史については篠田統博士の名著があるので、それを参照されたい（篠田統『すしの本』柴田書店、一九六六年。岩波現代文庫、二〇〇二年）。

さて、和歌山県田辺市附近では、サバや太刀魚でつくる生成ずしを一名くさりずし、ともいう。魚の切身と飯をあわせて、すし桶に重しをかけて十日ほどつけたものにすぎない。本格的な馴れずしにくらべたら、発酵食品というほどの代物でもないのだが、それでもくさったすしという。

くさるとはどういう定義なのか。発酵と腐敗の区別は「人間にとって有益な腐敗を発酵という」のだということを聞いたことがある。迷論みたいな名論だ。馴れずしでいえば、乳酸発酵をさせることが発酵であり、その他の異常発酵がおこったら腐敗ということになるだろう。そして、異常発酵をさせないように、つくる人は細心の注意をはらっている。しかし、発酵食品と腐敗品の区別はそれぞれの文化のもつ味や食物の観念によってちがっている。たとえば、中国のペースト状のアミの塩辛の一種は、胸をつくようなにおいがあり、ふつうの日本人にはとうてい食べられない、くさったもので、ゴミ箱へ直行してしかるべき代物だ。においをともなう発酵食品は、一歩まちがえばくせが強すぎ、腐敗の概念に入れられそうな危い綱渡りをしているところがある。たとえば、一世代前の日本人にとってはチーズはセッケンみたいなかたちをしたくさりものであったし、欧米人からすればタクアンのにおい、醬油や味噌のにおいは鼻もちならないものと感じられた。

日本人にとっては東南アジアでカレー料理よりも魚醬を使った料理に出あうと、食べなれた味という感じがする。醬油と同様アミノ酸の調味料であるせいだろうか。東南アジアの魚醬油の多くは淡水魚を塩に長期間つけこんでつくる。塩辛とおなじ原理の発酵食品であるが、長期間置くと魚肉が分解して液体状になる。その液体部分だけを集めると魚醬油になる。魚はすてて液体だけを使う。ウィスキーのような色をしたものが多く、現在では四合ビンくらいのガラスビンにつめた既製品をどこの市場でも売っている。さきに述べたようにベトナムではニョク・マム、タイではナム・プラー、ラオスではナム・パ、カンボジアではタク・トレイ、ミャンマーではガンピャエ、……というぐあいに民族によって呼び名はちがうが、ほぼ同様の原理でつくった魚醬が東南アジア大陸部からマレー半島、インドネシアへかけての地帯と中国南部に分布する。

魚醬油や塩辛の使いかたは、日本人が醬油を使うのとまったく同じであると考えてよい。煮物に入れたり炒め物に入れて味つけをする。日本では麵類を醬油味で食べるように、東南アジアの麵類は魚醬油のつゆでたべる。ただし、華僑の本式中華料理店での麵料理には、中国醬油が使われるが、現地の人々の気安く入るソバ屋のたぐいでは魚醬油が主である。また、たいていの料理屋で、魚醬油に辛い品種のトウガラシをつけこんだ小ビンを卓上に置いておき、それを小皿にとってつけ醬油のように用いる。

タイ文化研究の専門家である同僚の田辺繁治氏の話では、タイでナム・プラーという魚醬は全国的に使われるが、北部タイへ行くと馴れずしを日常の食事に調味料的に使うことも多いそうだ。わたしも、チェンマイの市場で馴れずしを売っているのをひやかしたが、日本の鮒ずしよりもはるかに強いにおいがする。この馴れずしをスープや煮物のだしに使うのである。だしをとったあとの馴れずしは捨ててしまうこともよくある。

馴れずしは東南アジアの山地民のあいだで生まれたものだ、と考えられている(松原正毅「焼畑民のウキとなれずし」『季刊人類学』一巻三号、一九七〇年)。東南アジアの半島部からスマトラ、ボルネオ、ジャワ島、フィリピン、台湾、日本が馴れずしの分布圏である。中国大陸でも昔は馴れずしをつくっていたが、元代から衰亡して、現在は姿を消してしまった、という。

魚醬を考える場合に、その前身として肉や魚を塩づけにして動物性蛋白質を貯蔵する方法があったにちがいない。中国では周代から塩辛のようなものがあったことが文献でわかるが、東南アジアでは古い文献がないのでどちらがさきかは、わかりかねる。松原正毅氏は、さきにあげた文献で、根菜農耕以前からおこなわれた動物肉を塩づけにして貯蔵する方法を基盤として馴れずしが発生した、と考えているが、そうすると魚醬と馴れずしは同一の祖先をもつものということになる。しかし、ちょっと気になるのはそんなに古い時代から東南アジアで塩蔵品をつくるに足るほどの塩が得られたか、ということである。となると製塩や岩塩の利用の歴史があきらかにならないと、かたづかない問題となる。

また、いっぽうでこうじを使用して穀物からつくった醬と、魚醬の関係がどうなっているのかという問題がある。醬、魚醬、馴れずしをめぐる論議はまだつきそうにもない。

追記　その後、わたしは魚醬と馴れずしに関する本格的な調査研究に従事した。左記の本に、穀物や大豆を原料とした醬と魚醬の関係についても、わたしなりの考えを提出しているので、興味のある方は参照されたい。

石毛直道、ケネス・ラドル『魚醬とナレズシの研究――モンスーン・アジアの食事文化』岩波書店、一九九〇年

カレー

日本料理化したカレー

ある海外遠征登山隊の荷づくりを手伝った。その登山用食料の山を見て驚いた。ぼう大な量のインスタント・カレーとインスタント・ラーメンを持っていくのだ。計算してみると、一日に一度はカレーかラーメンのどちらかを食べていることになる。食料だけ見ていたら、まるでインド人と中国人の合同登山隊のようだ、と悪口をたたいてやった。

しかし、ほんとうはカレーもラーメンも、いまでは外国料理ではなく、新しい日本料理として日常の食生活に定着しているものとしてとらえるべきであろう。なにしろ本場のインドについで世界で二番目に日本人はカレーを食べているそうであるから。

日本のカレーライスは、西洋料理のようにコースのなかでスープの部類に入れられ、カレー汁のそえものとしてライスがおかれているものでも、強烈なスパイスの個性をフルに生かしたクシャミの出るようなインドカレーでもない。それは一皿でたっぷりと腹にもたれる米中心の主食であり、皿のそばに置いたラッキョウと福神漬けの味がよくあい、ウースター・ソースをかけ醬油とおなじセンスでじゃぶじゃぶとかけても味をそこなわない、まことに日本的な味に変形しているものである。

カレーライスは明治のはじめに洋食として日本へはいってくる。はじめは洋食屋で物珍しく味わうものであったが、明治三十年代になると庶民のあいだにも定着してくる。なんといっても米飯といっしょに食べられる、ということが魅力であり、洋風のドンブリ飯として人々にうけ入れられたのであろう。

村井弦斎の『食道楽』という新聞連載の小説は、さまざまな料理を紹介するためのすじをはこぶつけたしに恋愛物語があり、色気は食気のそえものにしかすぎないという変わったスタイルの料理小説である。悲しいといっては飯を食べ、うれしいといっては御馳走をつくり、ともかく全篇さまざまな料理の話でうずめられている。明治三十六年発行のこの本をみると、「ライスカレーはカレー粉さえ買っておけば、誰の家でも軽便に出来る西洋料理ですから宅でも折々拵《こしらえ》ますが……」と書かれており、東京の中流家庭ですでに自家製のカレーライスをつくるようになっていたことがわかる。

大正末から昭和にかけて、町の洋食堂、デパートの食堂ではカレーライスが庶民のあいだでいちばん人気のある料理としての位置を占めるようになる。昭和のはじめ、阪急百貨店の食堂のカレーライスの味が大阪で有名となり、押すな押すなの大繁昌であった。この食堂では毎日ウシ十頭、ソース二石がほとんどカレーのために消費されたという。

大正はじめからカレーのルーを工場生産した、現在でいうカレー・ルーが売りだされ、粉末の純カレーは営業用、カレー・ルーは家庭用という現在につづくパターンがすでに成立した。カレーの大衆化とともに、「カレーウドン」、「カレーなんばん」など純日本流カレー料理が考案された。

インドでは自家製カレー

カレーに使用されるスパイス類には、二十数種類もある。辛い味のもとはトウガラシ、ショウガ、コショウ、カランである。黄色い色はターメリック(うこん)。香りと味はクミン、コリアンダー、フェンネル、キャッシャ(桂皮)、ナツメッグ(にくずく)、クローブ(丁子)、キャラウェイ(ういきょう)、ディル、カルダモン、メースなど。これらのスパイスをさまざまな割合で調合してカレー粉をつくる。日本のカレー粉を市販する食品企業ではその配合の割合が秘訣となっており、容易に外部へもらさない。

カレーの語源がタミール語に由来するといわれるように、カレーはインド料理に起源をもつ。インドの家庭では、既製品のカレー粉をほとんど使わない。さまざまな香辛料を原形のまま買ってきて、台所にそなえた小さな石臼でごりごり挽《ひ》いてつくる。インド人の外交官が外国に赴任するときには、かならずカレーづくり用の石臼を荷物のなかへ入れると聞いた。また、手間をはぶき、石臼で挽くことをしないときでも、乾物屋の店先にならんださまざまの粉末状にしてあるスパイスを数種類も調合してもらったり、粉末のスパイスを買ってきては自分の家でミックスする。

自家製のカレーなので、使用するスパイスの種類や配合の割合を料理の材料によって変えたりして、わが家独自の味を出す。トウガラシがたくさんはいった真っ赤な色をしてとびあがるほど辛いカレーから、布を染めてみたくなるほどあざやかな黄色のカレー汁もある。

なかに入れる材料も、ヒツジのカレー、ニワトリのカレー、魚のカレー、ゆでタマゴのカレー、豆のカレー、野菜だけのカレーなどさまざまである。しかしインドでは宗教の関係で、ビーフ・カレーはウシを神聖視するヒンズー教徒は食べないし、ブタをけがれた動物とするイスラム教徒はポーク・カレーをつくらない。またベンガル平野からオリッサにかけての地域と、西海岸の稲作地帯のカレーライスのほかに、北部のムギ作地帯では、コムギや雑穀の粉を練って、うすいセンベイ状に焼いたチャパティでカレーを食べる。

さきに、わたしは東アジアを代表する調味料として醬をとりあげた。醬油が東アジアの料理を赤っぽく染めあげたとおなじく、インド亜大陸の料理はカレーの黄色によって代表されているといえよう。このカレー文化圏はパキスタンから西方へのびる。インド文明の歴史的影響とともに、カレー文化はインド亜大陸の周辺部にひろがり、東は東南アジア半島部におよぶ。東南アジア半島部は魚醬とカレーの双方の調味料の交差点となっており、カレーと魚醬が料理によって使いわけられる。南方はインドネシアの島々までカレー文化圏はひろがる。

現在東アフリカの人々のあいだに、カレー料理が浸透しつつあるが、これはイギリス植民地時代、東アフリカに定着したインド人たちからアフリカ人にひろまったもので、インド直輸入のカレー文化の現代的な進出といえよう。

本来のカレー文化圏は、インド文明の歴史的拡大によって形成されたものであるのにたいして、今日の既製品のカレー粉を使ったカレー料理の世界への伝播には、別の経路を考えなくてはならない。それはインド植民地をおさえていたイギリスを中継点として、前世紀からヨーロッパにカレーがひろまっていったルートである。

イギリスでは、一七四七年出版の料理書にあらわれるのがカレー料理のはじめであるという。これは、ニワトリをターメリック、ショウガ、コショウの三種のスパイスで料理するだけのものであり、今日のカレー粉の複雑な味からは遠い代物のようだ。

当時インド植民地を支配していた東インド会社の社員たちが本国にもどるとき、インドからカレーの原料を持ち帰り、インドの味をなつかしんだのが、イギリスにおけるカレーの普及のさきがけをなすものである。

はじめは今日のインド人とおなじように何種類ものスパイスを家庭で調合して使っていたが、十九世紀になると、イギリスでスパイスを混合して既製品とした今日のカレー粉が市販されるようになる。十九世紀の後半には市販のカレー粉の普及とともに、イギリス人の献立にカレーはすっかり定着してしまい、インド流の強烈なカレーではなく、マイルドな味のカレー粉をつかい、バターで小麦粉をいためたルーをつかったビーフ・カレーなどが、イギリス料理のレパートリーに落ち着く。カレーはもはやインド料理ではなく、アングロ・インディアン・ディッシュ(英印料理)として、イギリスの国民料理となった。

イギリスを起点として、カレー料理はヨーロッパ、アメリカへひろまってゆく。歴史的にみれば、熱帯アジアからさまざまなスパイスをつぎつぎとうけとってきたヨーロッパ世界にとって、スパイス類の複合体という形をとって、カレーは最後に登場したスパイスである。

洋食という名のもとにとり入れられた日本へのカレーの伝播はもとをたどれば、イギリスに起源をもつものである。米食民族である日本人にカレーライスが好まれたことから、さらに日本を起点としてカレーライスが旧植民地に進入してゆく。ミクロネシアのトラック島やポナペ島の雑貨店にも、日本製のカレー粉やカレー・ルーが積みあげられているのをみた。

*

カルカッタのニューマーケットは、世界でも最大級の市場である。ニューといっても、市場の建物がつくられたのは、百年ほど昔のことである。赤いレンガでつくられた堂々とした建築で、東京駅も顔まけといったところ。市場というよりは大臣や知事が入るに似つかわしい威厳のある建物だ。もっとも、カルカッタの市街はイギリスのインド植民地の本拠地として設計されたので、裏町にいたるまで赤レンガの古い建物がならび、壮麗な町なみである。窓からぶらさげられた洗濯物や道ばたにごろ寝をしている乞食の姿などを視界から追いやって、建物だけのたたずまいが目にうつると想定して町なみをながめた、としたならばのことであるが。現実には道いっぱい駐車したおんぼろ自動車や人力車の群れ、買物客、荷物かつぎの人夫、物乞いなどの人々がひしめきあい、その人間くささにうちけされて、ニューマーケットの建物のたたずまいのりっぱなことなど目に入らない。

メガネをかけず、カメラもぶらさげていなくとも、日本人をみわける方法があるらしい。

日本人とみれば、かならずカゴを持った男が二、三人寄ってきて「ミル、ミル、ミル、ミル……」と声をかけてくる。はじめはなんのことかわからなかったが、かれらが知っている唯一の日本語を連発しているのだった。「ミル」とは「見る」ということであった。市場のなかの案内をしてやるから、見ろということである。

このミル、ミルの連発のあとにくっついていったら、宝石商や象牙細工、絹などの土産物の店のなかに連れこまれてしまう破目になる。ミル、ミルを連発するやからはインド人の客にだったら、あとからついて行き、買物の野菜や肉をカゴに入れて運ぶポーター役が本業である。しかし、日本人を見るや、先頭に立って、リベートをくれそうな店の客引きに役割りをかえるのだ。それにしても、白人には客引きをしないところをみると、日本人はだいぶ景気のいい連中だとおもわれ、いいカモにされているらしい。

なにしろ、市場のなかに何百軒もの店があるのだ。食料品、衣服の必需品から、宝石、骨董品、書籍にいたるまで、ここでそろわない物はない。宝石屋にひきこもうとするミル、ミルたちをふりはらって、わたしは食料品を売っている一角へ行く。香辛料屋がお目あてである。

ニューマーケットのなかには香辛料専門店が数軒ならんでいる。どの店も似たりよったりだ。コンクリートの床の上には赤トウガラシ、粒のままのコショウ、ターメリックの根など、生のままの香辛料を入れたカゴがところせましと置かれている。一段高くなった台のうえにターバンを巻いたオッサンがすわっており、そのまわりには粉末にした種々の香辛料を入れた大きなガラスビンがぎっしりとならんで、ハカリが置いてある。八百屋と薬局をいっしょにしたような店の感じである。

店の前には小僧がうずくまって、香料をつぶしている。大きな金属製の乳鉢のなかに、乾燥した赤いトウガラシをいっぱい入れて、そのうえから鉄棒でどしんどしんついて粉トウガラシにするのだ。顔のあたりに、トウガラシの粉が舞いあがっても、平然と作業をしている。小僧どんはトウガラシにたいする免疫ができているのだろうか。わたしだったら、涙は流すわ、クシャミを連発するわで大騒ぎをしなければならないところだ。

さて、香料屋のオッサンに「カレー・パウダーのミックスをしてくれ」と注文したところ、「どんなスパイスをどの割合に混ぜたらよろしいか?」と答えた。わたしがカレー粉の調合法を知るはずはない。しかたないので「チキン・カレー用に、なるべくたくさんのスパイスを使って、オッサンが最上だと思う調合をして、重さにして二ポンドほどくれ」とおまかせで頼んだところ、これはなんにも知らない、いいカモがきたというわけで、「イエス・サー」。

あっちのガラスビンからカルダモンを何オンス、こっちのガラスビンからコリアンダーを何オンスというふうに、赤い粉、黒い粉、茶色い粉など十種類近くの粉末にした香辛料をハカリにかけ、最後に黄色いターメリックの粉をたくさんハカリにのせ、それらをすべて大きな紙袋に入れて混ぜあわせる。すると、いちばん多いターメリックの黄色が勝って、黄金色をしたオッサン特製のカレー粉が、ハイできあがり。

二ポンドのカレー粉といったらずいぶんカサがある。料理にしたら、三百人ぶんはじゅうぶんだ。日本へ帰ったら、これを小さな袋にわけて、「本場のカレー粉でございます」とうやうやしくさし出したらよい。たちどころに二、三十人ぶんの気のきいたお土産に化ける。香料屋のオッサンに少々ボラれようが、たかがカレー粉のこと、知れたものだ。いちばん安あがりのインド土産である。

さて、自分用のお土産としては、もうちょっと値段の張るものを手に入れる。サフランやカルダモン、ニッケイのような日本では高価な香辛料もインドでは、はるかに安い。ただ、そうだからといって買いだめするわけにはいかない。いつも挽きたてを売っているインドの市場の香辛料だから、粉末状の香辛料でも香りが高いのだが、買いおきをしてしばらくすると香りがぬけてしまう。挽きたてを使うのが香辛料の使いかたでいちばんたいせつなことである。

そうそう、単品の香辛料のほかに、ガラム・マサーラを手に入れることを忘れてはならない。ガラム・マサーラといったら、インド料理の「味の素」とでも説明しようか。

だしに重点をおく日本料理では、料理の最後の段階で化学調味料をうまく使うことで、料理のうま味が生きてくる。インド料理は香りに生命をかけている。さまざまな香辛料の複合した香りの交響楽の演出がインド料理の追求するところだ。ガラム・マサーラは香辛料料理の引立役である。

ガラム・マサーラもまた香料の調合物である。使用する香料の種類や調合の割合については、これもまた家ごとにちがっていたりする。わが家の秘訣のガラム・マサーラといったものがあるのだ。三種類くらいから十種類くらいの香料をまぜたものであるが、トウガラシやコショウのように辛い香辛料はあまり使わないのがふつうだ。ガラム・マサーラは食事の主役の料理ばかりではなく、お菓子の香りの引立役としても用いられる。カルダモンやクローブのように、どちらかというとやわらかく甘い芳香をもち、他の香辛料の香りを消さない香料がえらばれる。また、料理の主体となる香辛料よりも高価な香料を少量きかす、という意味で上等な香料がえらばれる。ニューマーケットのオッサンがわたしにつくってくれたガラム・マサーラはシナモン、クローブ、カルダモン、ナツメッグを挽いたものを混合した茶色の甘い香りのものであった。

ガラム・マサーラは料理の最後の段階で火を消す直前にほんの一つまみふりかけるだけ

だ。あるいは皿に盛ってからふりかけることもある。ほんの一つまみふりかけるだけで、料理がぐんと生きてくる。ガラム・マサーラの甘い香りが他の香辛料の香りを引きだしてくれるのだ。日本流のカレー料理にふりかけてもよい。市販のカレー・ルーにちょっと入れるだけで、品格のある味に変身してくれる。

ニューマーケットで買いこんだ香辛料はビニール袋で三重に包んでトランクへ入れたのだが、帰国してみたらトランクのなかにつめておいた書籍や衣類にもすべてカレーのにおいがしみついていた。

乳

ダトーガ族の主食は牛乳

朝日が昇る前にウシは目を覚まし、低い声でうなりはじめる。女たちは起きだして、火おこしをし、ついで乳しぼりをはじめる。ヒョウタンを輪切りにして皮ヒモを取り付けた小さなバケツのような容器が乳しぼり用の道具だ。この乳しぼり用ヒョウタンをさかさにして、くすぶっているマキをつっこんで、煙でいぶす。このなかにしぼりこんだ牛乳は煙の味がする。その風味がよいのだとダトーガ族の人々はいう。

必要な乳をしぼりおえてから、夜中、別の場所に隔離しておいた子ウシを連れてきて、母ウシのそばに追いやる。子ウシは夢中になって、人間のしぼった残りの乳をむさぼる。

乳しぼりとは、本来は家畜が飲むべき乳を人間がピンはねすることによって成立する。文字どおりの搾取行為である。そのために、牧畜民の社会では乳を出す母家畜と授乳期の子家畜を隔離して管理するのがふつうだ。いっしょにしておいたら、子家畜が際限なく乳を飲んでしまい、人間の利用する分がなくなってしまう。

ダトーガ族は東アフリカに住むウシ飼いの牧畜民である。彼らの主食は牛乳である。煙くさい生の牛乳、脱脂乳、それに牛乳を放置しておいて自然発酵させたヨーグルト状の牛乳、この三種の牛乳が、ヒョウタンの容器に入れられてダトーガ族の食卓にならぶ。現在では穀類も食事の際に供されるが、青草がはえ、乳の出のよい雨季になると人々は、この三種の牛乳を飲むだけで肉以外の他の食物には目もくれない。乳という完全食品に依存した生活なのである。「おれは牛乳をふんだんに飲んで育った」というのがダトーガ族の誇りなのである。ウシの乳が足りないときには、ヤギの乳もしぼる。

しぼりたての牛乳を大きなヒョウタンに入れて気長にゆさぶる。すると脂肪分が分離して浮きあがり、下に脱脂乳ができる。この浮きあがった脂肪分がダトーガ族のバターであり、ときたま肉を食べるときには、肉をバター煮にする。焼肉はダトーガ族の敵であるマサイ族の料理法であると軽蔑し、彼らはふだん肉を焼いて食べることをしない。

ダトーガ族のなかに住み込んだわたしには肉を食べる機会はめったになかった。肉は貴重品であり、家畜を殺すのは重要な儀礼のあるときに限られる。ふだんは病死しそうな家畜だけを殺すのである。

ダトーガ族に限らず一般に牧畜民は、想像されているほど肉を食べることはない。牧畜民にとって家畜は重要な財産である。家畜はうまく管理すれば子供を生んで増えてゆく。いわば貯金の元金であり、子供は利子である。元金に手をつけたら利子も少なくなる。肉だけにたよって生活しようとしたら、一家の労働力ではとうてい管理できないようなぼう大な頭数の家畜を飼養しなければならないこととなる。牧畜民の食生活をささえているのは、肉ではなくむしろ乳なのだ。乳の利用を開発することによって牧畜という生活様式は成立したのである。

世界の乳しぼり圏

日本ではウシの乳をしぼるだけであるが、世界には乳しぼりの対象となるさまざまな動物がいる。ウシ科でいえば、ウシのほか水牛も乳しぼりをされる。インドでは水牛の乳は脂肪分が多いのでバターづくりによく用いられ、インド料理に欠かせないバター・オイルであるギーの原料となる。同じくウシ科に属するチベット高原のヤクは運搬用の家畜として利用されるほか乳しぼりにも用いられ、ヤクの乳でつくったバターやチーズのたぐいもある。

ヤギ、ヒツジも乳しぼりの対象となり、ヨーロッパのチーズの珍品には、ヤギ、ヒツジの乳からつくったものが多い。

ウマの乳を利用するのはモンゴルからカスピ海にかけての中央アジアの草原地帯である。この地帯ではウマの乳を発酵させてつくられるクミスと呼ばれる馬乳酒づくりの技術がみられる。

ラクダも乳しぼりの対象となり、とくにヒトコブラクダの分布するアラビア半島からサハラ砂漠にかけての乾燥地帯では、遊牧民たちの重要な食料となっている。わたしはリビア砂漠のただなかでラクダを放牧しているベドウィン族から、しぼりたての乳を飲ませてもらったことがある。ラクダの乳はあのおかしな姿に似あわず、くせのない味であるが、牛乳にくらべ脂肪分が多い感じであった。

あと、乳しぼりの対象となる家畜には、トナカイがあるが、ラップランドにおけるトナカイの乳しぼりの歴史は案外新しく、もともとトナカイの乳を利用していたのはバイカル湖付近の一部の民族に限られていたようだ。そのこと自身が、トナカイの牧畜化が時代的に新しいことを物語っている。

こうしてみると、乳しぼりに利用される家畜は草食性の有蹄類で、群れ生活をするものに限られていることがわかる。牧畜という生活様式は、これらの群れをつくる習性をもつ動物を一群れそっくりそのまま、人間が管理することによって成立しているのである。化石などからみて、これらの群れをつくる動物のうちで、いちばん最初に家畜化されたのは

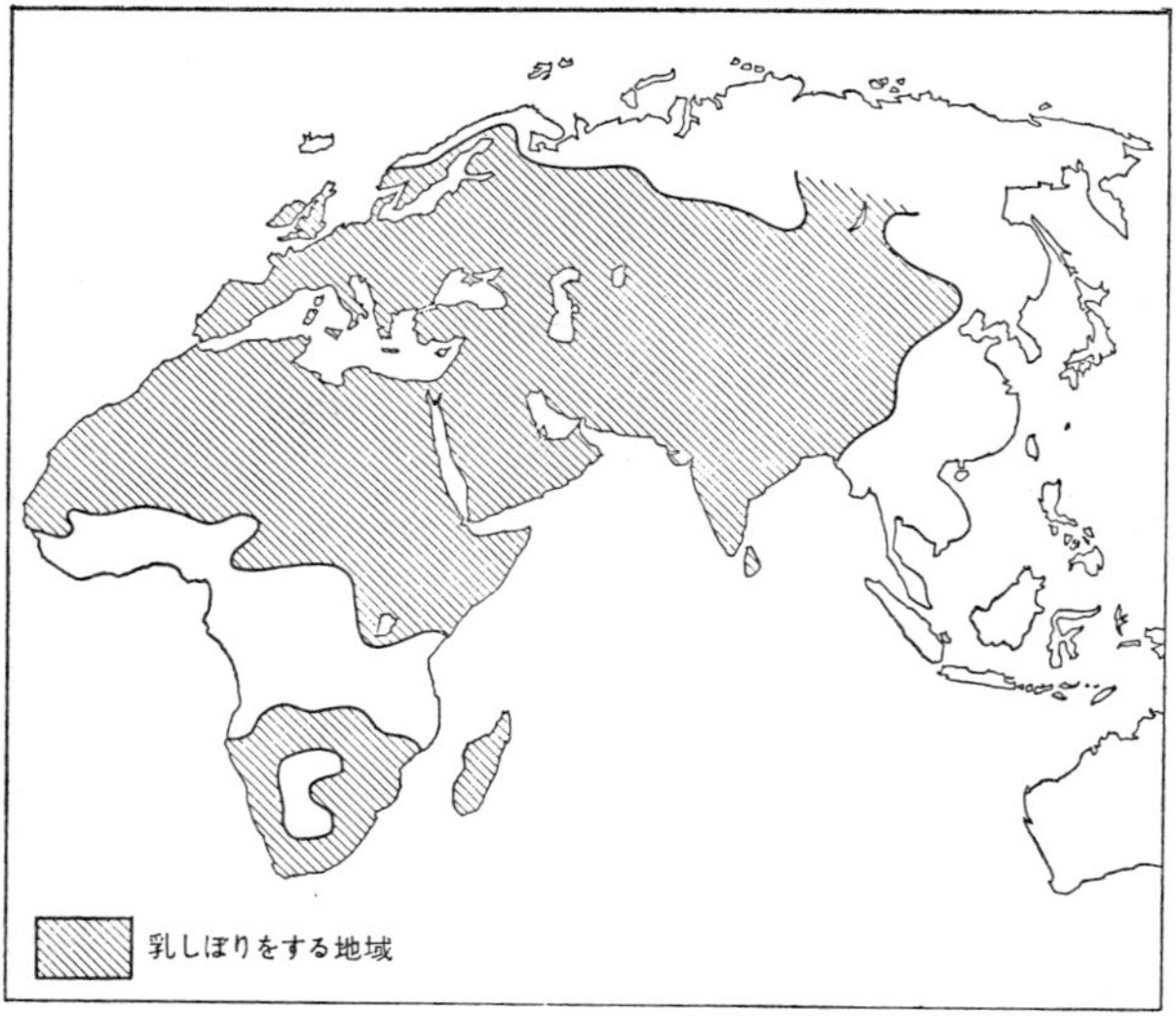

ヤギ、ヒツジで、それは紀元前八千年くらいまでさかのぼることができる。このようなことから類推すると乳しぼりの最初はヤギ、ヒツジからはじまり、つぎにウシを家畜化したときにも同じ技術が適用されたと考えられる。

コロンブスのアメリカ大陸発見前、すなわち十五世紀の時点を目安において、旧世界の乳しぼりをする文化圏を地図上に描いてみる。これを大まかに見わたすと、熱帯降雨林地帯は乳しぼり文化圏に入らないといえた。乳しぼりの対象となる家畜は、乾燥地帯、半乾燥地帯に適応する動物で、熱帯降雨林むきの牧畜獣というものはついに開発されなかったのである。また極北のツンドラ地帯はトナカイの世界であるが、トナカイの乳しぼりが新しい習慣であることはさきに述べた（乳しぼり圏についてのくわしい説明は、石毛直道編『世界の食事文化』ドメス出版、一九七三年、を参照されたい）。旧大陸で乾燥、半乾燥地帯を国土にもつにもかかわらず、乳しぼりが発達しなかったのは中国である。北方にモンゴルという世界でもっとも牧畜技術や乳加工の発達した地帯と接しながら、ついに中国では牧畜と乳の日常的利用は発達しなかったのである。

中国でも唐の時代には乳製品が華北で利用されたことがあるし、その影響で日本の平安時代に、貴族のあいだで酥《そ》とよばれる乳製品が用いられたことがわかっている。しかし、中国でも、日本でも動物の乳の利用は日常の食生活のなかに定着しなかった。

日本の民衆が乳を使いだすのは明治になってからであり、それも乳を飲用としてとりいれることにはじまる。明治四年の牛乳の広告に「母乳いらず」として出ているし、翌年には生乳の手に入らない田舎では輸入品のブリキの曲物(缶詰)に入れた「コンデンスミルク」というものを利用するとよいとあるし、また「牛乳育児法」の記事もある。牛乳が一般に入手できるようになって、まず恩恵をこうむったのは、なんといっても乳の出の悪い母親であった。

つい最近まで石器時代であったニューギニア高地でも、白人のもってきた物資のなかで、人々にまずとり入れられたのは鉄の斧と粉ミルクであった。乳しぼり文化圏の外に位置するところではどこでも、乳製品の移入によって助かるのは赤ん坊である。

大局的にいえば、戦前までの日本での牛乳の利用法は飲み物としてである。牛乳を飲むことが身体によいということで、一種の保健薬として牛乳が飲まれていたと考えてよさそうだ。バター、チーズ、ヨーグルトなどの乳製品を食べるようになったのは、ほんの近頃のことである。

乳は飲み物として消費するだけではなく、乳製品として食べるものである。世界でいちばんバターの消費量の多いニュージーランドと比較すると、日本人一人あたりの消費量は三十四分の一、ヨーロッパでもっともバターを使わないイタリアの三分の一だそうだ。まだ、日本では乳は飲み物である、といえよう。

＊

台所とは関係ないが、乳しぼりに関連させて、家畜の母子隔離の問題について述べておこう。

乳しぼりをしなかった日本では、同じウシ小屋、ウマ小屋に母家畜も子家畜もいっしょに収容して飼うのがふつうであった。しかし、乳しぼりをする文化では、さきにも述べたように乳をだしている母家畜と哺乳期の子家畜を分離して飼うのがふつうだ。母と子を別々の小屋や囲いに収容して、別の場所で寝させるし、放牧をするさいでも、親の群れと子の群れを別々の場所に連れていく。

ダトーガ族の場合でいえば、家畜は三つの群れにわけて管理される。第一群は親ウシと生後一年以上の子ウシとロバの群れである。この群れは毎日青年によって屋敷から数キロ離れた草地まで放牧に連れてゆかれる。第二群は生後一年以内の乳ばなれしていない子ウシとヒツジ、ヤギによって構成される群れである。これら小形の家畜は脚力がないので屋敷の近くで放牧され、この群れを管理するのは少年の仕事である。放牧から帰ってくると第一群と第二群は屋敷のなかにつくられた別々の囲いのなかに収容される。第三群は生まれたばかりの、子ウシ、子ヒツジ、子ヤギの群れである。この群れは人間の住む家屋の片隅に収容され、女たちがめんどうをみる。ダトーガ族の家畜群は、親と子の隔離と放牧距離の遠近の二つの原理にもとづいて管理されている、といえよう。

ところで、第一群に入れられる子ウシの鼻づらから、三角形の板きれがぶらさげられているのを見ることがある。切りこみがある三角形の板きれの、切れこみの部分を子ウシの鼻中隔――つまり鼻のショウジの部分――に押しこむ。いってみれば、子ウシに三角形の大きな鼻輪をとりつけてしまった状態である。

これは子ウシに乳ばなれをさせるための道具である。このくちがせをつけておいたらば、子ウシは母ウシの乳房をくわえることができない。子ウシが母ウシの乳を飲もうと、上をむいたらば、板きれが口をふさいでしまう。いっぽう、下をむいて草を食べるぶんにはさしつかえない。

このくちがせをとりつけられるのは、第一群に入れられたばかりの子ウシである。生後一年たって相当の距離の放牧にもついていけるようになり、母ウシと同じグループに編入されたばかりの子ウシが、放牧中に母ウシの乳を飲まず、草ばかり食べるように、くちがせがとりつけられているのだ。

はやく、子ウシに乳ばなれをさせたら、そのあとの母ウシの乳は人間がまるまる使用することができる。そこで、子ウシに乳ばなれをさせるためのくちがせをつける工夫が、さまざまな牧畜民によっておこなわれている。アフリカでは、ダトーガ族に居住地を接するイラク族のあいだに同様なくちがせがみられる。またスーダンのヌエル族のあいだでは、トゲを植えた鼻輪を子ウシにつけるという。子ウシが母ウシの乳を飲もうとするとトゲが母ウシの乳房をさすので、母ウシは子ウシをけって寄せつけないようになる、という。人間では母親の乳房にカラシを塗って乳ばなれのおそい子にしゃぶらせて、甘い乳ではない味にこりて乳ばなれをさせるのとは反対に、母に子をよけさせるようにするのだ。

実は、ユーラシア大陸における子ウシのくちがせの問題は梅棹忠夫博士によって、すでにとりあげられている(梅棹忠夫「ウシのくちがせ」『学海』四巻三号、一九四七年)。それによると、モンゴルの遊牧民のあいだに、ダトーガ族とおなじ原理の子ウシのくちがせがあるし、先端のとがった棒やフェルトにハリネズミの皮をぬいつけたものを鼻づらにとりつける方式のくちがせもある、という。このような子ウシのくちがせは、モンゴルのほかに、東シベリアのヤクート人、ウラル山脈のバシキール人、中央アジアのキルギス人のあいだにみられるという。

こうしてみると、梅棹博士のいうように、子ウシのくちがせは、東はモンゴルから西はハンガリアにいたるユーラシアのステップ遊牧民に共通な一連の牧畜文化の要素としてとらえられることに異存はないであろう。これにあらたな資料をつけくわえるとするならば、ユーゴスラヴィアの牧畜民を調査した友人の写真のなかに、鉄製のトゲをもつ子ウシのくちがせが見出された。

そして同様の原理の道具がアフリカからみつかったことを考えると、ユーラシアの遊牧文化よりも、もっとひろい牧畜文化圏を想定することも可能である。たとえば古い時代にアジアとアフリカの双方に伝播していった牧畜文化の源流のようなものを設定することによって説明がつくことかもしれない。あるいはユーラシアとアフリカで別々に、考案された独立発生とするべきか。

現在は東アフリカのタンザニアに住むダトーガ族や、イラク族も、ウシをひきつれて北から南への民族移動をとげたことが知られている人々である。もともとは、ヌエル族の居住地に近い北方からやってきた人々である。こうしてみると、アフリカでの子ウシのくちがせは南から北上した文化ではなく、北からやってきた文化に所属するものといえよう。北からやってきた文化というと、その源流は北上してユーラシアに近づいていく可能性をもつ。

しかし、いまわたしが知ることができる三つのアフリカの部族の例からだけでは、これ以上アフリカにおけるくちがせの起源を論ずることはできない。よく調べたら、アフリカのさまざまな部族によって使用されていることが予想されるが、とかくこのようなささいな道具は見逃されがちで、民族誌的報告にもあらわれず、資料不足をまぬがれない。

リビア砂漠でベドウィン系の遊牧民ハサウナ族のラクダ放牧を見たことがある。ここでは母ラクダと子ラクダを同じ草地のなかで放牧していた。母と子を隔離することをしないのである。それでいて、人々がラクダの乳を利用することに変わりはない。どうやって、子が母の乳を飲みつくさないようにしているのか？　母ラクダにブラジャーをつけさせていたのである。

アフリカの話がつづいたついでに、乳と肉以外の食料として家畜を使う変わった風習についてひとこと。

「日本人は、牛肉、豚肉、羊肉を忌むこと、わが国馬肉に於るごとし、また牛乳を飲むは生血を吸ふが如しとして用ひず」とは十七世紀末に出版されたクラッセの『日本西教史』の一節である。ところが、ダトーガ族やマサイ族のあいだでは、ウシの生き血を飲むのである。ダトーガ族の少年たちが割礼をうけるときには、ウシの頸動脈に小さな弓で矢を射ちこんで傷口をつくり、そこからウシの血をとり、ウシの乳とまぜた食物をつくる。割礼をうけた少年たちには、体力をつけるように血と乳の混合物を飲ませるのだ。血をとったあとのウシの首すじの傷口はふさいでおくので、生き血をとられてもウシは死なずにすむ。

だし

タンガニーカの煮干し

タンガニーカ湖は奇妙な湖だ。まず、おそろしく長い。南北の長さは七二〇キロに達し、淡水湖としては世界最長のものだ。湖に面して、タンザニア、ザイール、ブルンディ、ザンビアの四カ国がならび、湖がこれらの国々の国境をなしている。東アフリカの高原の上に位置するので、湖面の標高は海抜七八二メートルと高いが、いっぽう水深は海水面よりはるか下まであり、バイカル湖についで世界第二位の深さである一、四三二メートルもある。

ここに住む生物がまた奇妙だ。湖水に住む四百二十種の生物のうち、二百九十三種がタンガニーカ湖だけに発見される生物である。そこで、ここの生物の学名にはナントカカントカ・タンガニーカという名のものが多い。魚でも淡水の湖であるのに、サメに似た魚やイワシの仲間など、海水に住む魚に近い種類のものが多い。もともとこの湖は、海とつながっていて、それが地質時代の古い頃に海と分離し、孤立した湖となり、生物も独自の進化をとげたのであろう。

スワヒリ語でダガーと呼ばれる小魚が、タンガニーカ湖の水産物の主要なもので、年間十五万ポンドの産額をしめす。ダガーは、カタクチイワシにきわめてよく似た魚である。東アフリカの町のマーケットでは、ダガーの干物を売っているのをよく見かける。

はじめて、ダガーの干物を見たとき、わたしは「あっ、煮干しがあるな」と思った。見たところ、煮干しそっくりなのである。さっそく一袋買って、煮干しのだしをとって久しぶりに日本料理をつくろうと試みた。ところが、いくら煮てもダガーのだしは出ないのである。だし汁はただ魚くさいだけであり、煮干しのだしのうま味がでないのだ。しかたなく、急遽予定を変更して、ダガーの佃煮にしてその場をごまかした。

のちにわかったことであるが、それは煮干しではなく、網でとったダガーを、湖畔の砂の上で、天日乾燥をしただけの干物であった。干物をそのまま湯に入れても、うまいだしは出ない。アフリカ人たちは、ダガーをあぶってそのまま食べたり、煮ておかずとして消費する。

ダガーを見て、まずだしに使おうと考えたわたしの発想はいかにも日本的なものであった。

そもそも、だしをとるということは、日本独自に発達した料理の手法なのだ。日本料理では、だしが重視される。すまし汁の味が、料理人の腕の判定基準にされたりする。すまし汁の味を左右するのはだしである。うまいだしをとることが、日本料理の秘訣である。

考えてみたら、だしとはおかしなものだ。カツオ節、煮干し、コンブなど、だしの材料は湯にくぐらせるだけで、本来の用途はおわってしまう。カツオ節のうま味の成分は、一番だしをとったときに八〜九割が湯に溶けだしていることが実験的にたしかめられている。あとに残っただしがらは捨ててしまうか、味の落ちるのを覚悟のうえで、佃煮にでもするほかしようがない。二番だしをとったあとのだしがらとなったら、もう使い道がないものだ。だしの材料は、直接口に入れる食品ではないのだ。

中華料理でだしにあたるものとして、鶏湯(チートオン)がある。ニワトリでつくったスープであるが、スープをとったあとのニワトリもまた食用に供される。フランス料理のポトフは、スープをとるときに使った肉や野菜の料理である。いずれにしろ、だしにあたるスープをとったあとも、だしがらにはならずに食べられる。

もっとも、骨やすじ肉を使ってブイヨン(スープ・ストック)をとったときには、残った骨を捨てなくてはならないだろうが、いずれにしろ、鶏湯やブイヨンは、それだけでスープとして一つの食物であり得る。また、西洋にはコンブ、カツオ節、煮干しなどのようなだし専用の食品はほとんどない。ところが、日本のだしはそのままでは食べない。だしで他の食物を煮ることによって、だし汁に溶けこんだうま味を別の食物にうつすのが原則だ。だしは、まったくの縁の下の力持ちの役目をになっている。

中華料理や西洋の料理でスープで煮こむ料理もあるが、日本ほどなんでもかんでもだしで煮こむ料理法ではない。クック・ブックをみると、ブイヨンで煮ることがすすめられる料理でも、水で代用してさしつかえない、というただし書きがある場合が多い。インド料理やアラブ料理でも、スープ類をのぞいたら、だしを必要としない。

肉を使う料理の文化では、だしはなくても間にあわすことができるのだ。肉そのものから出る蛋白質と脂肪の味で、けっこううまく食べられるのだ。いっしょに煮込む肉そのものが、だしの役をしている。だしは、肉食の伝統がうすい日本料理に発達した技法である。野菜のおかずを多用する日本では、脂肪も蛋白質もすくない野菜にうま味をつけるために、だしが要求されたのだ。

脂肪、動物性蛋白質の多い食品は、塩で煮炊きをしただけでけっこうおいしい。ビーフ・シチューにだしはいらない。それだけでおいしい。だが、野菜を塩味だけで煮たのでは、塩からさだけが舌にのこってうまくない。そこで、塩味の緩和剤としてアミノ酸などのうま味を含んだだしが使われる。

甘味を要求される料理に、だしは不要である。お汁粉をつくるのにだしをとることはない。だしは塩味と関係をもつ。

油脂を多く使う料理では、油が塩味の緩和剤としての役目をはたしている。ビフテキなどがそのよい例だ。伝統的日本料理は油脂欠乏型の料理であったので、だしに頼らざるを得なかったのである。

それでは、伝統的日本料理よりも徹底した野菜食いの連中である、インドの菜食主義者たちの料理はどうなっているのか。菜食主義者用の料理の本をちょっと調べてみたところ、たいていの料理にはギーとよばれるバター・オイルとヨーグルトが多用されていることがわかった。油と動物性蛋白質でちゃんと塩味をやわらげてコクのある味にしているのだ。

だしの歴史

こんなに日本料理を特色づけるだしであるが、その歴史は案外わからない。奈良時代の文書にカツオの煎汁《いろり》というものがあらわれる。これは鹿児島の名物であるセンジに似たものであろう、と考えられる。センジとはカツオ節製造のときに出る煮汁を、さらに煮つめたカツオ・エキスである。しかし、これはだしというよりも、みそ汁の出来あがりぎわにちょっと入れて風味をだしたりする、調味料的な使いかたをするものである。そこで、カツオの煎汁もだしとはいえなさそうだ。

カツオの生節を乾燥させたものは奈良時代からみられるが、これはだしではなく、けずってそのまま食べたものと考えられる。カツオ節のだしの味は、生節を乾燥したのちカビつけをすることによって生じる。カビがよく発育して、蛋白質が分解してアミノ酸にかわることによってうまい味が濃くなる。カビつけをして、だし専門に供されるカツオ節ができるのは、十七世紀後半になってからのことである。

蝦夷《えぞ》から若狭に運ばれたコンブでも、室町時代末までは京都を中心とした需要にすぎず、近畿地方一帯にコンブがひろまるのは江戸時代になってからのことである。一六四三年刊行の『料理物語』という本には、コンブとカツオ節とをだしとして使用することが記されている。

しかし、煮干しの歴史についてはわからない。ただし、原料となるイワシ類の漁業のほうから推測すると、煮干しが商品化するのは江戸時代の後半以後のことと考えられる。が、明治になって肥料用の干イワシの価値が下落するにつれて、煮干し材料としてのイワシの比重が増していく、というのが日本のイワシ網漁業がたどった道すじであることから推定すれば、煮干しがよく市場に出まわるようになったのは、明治も二十年代になってからのようだ。

こうしてみると、だしの歴史は案外新しいことのようだ。東北地方の山村などでは、つい最近までだしを使わない場所も残っていたことを考えにいれると、日本独自の料理法であるだしの使用は、近世になってから普及したものであるという結論になりそうだ。

だが、だしのうま味を知ったあとは、日本人はこの微妙な味の追求にかけては世界のトップをはしることとなる。明治の末期に池田菊苗博士がコンブのだしの味から、グルタミン酸ナトリウム「味の素」をつくったことをさきがけとして、カツオ節のうま味であるイノシン酸、シイタケのうま味のグアニル酸、貝柱のうま味であるコハク酸などをつきとめ、商品化するのはすべて日本人の手によるものである。

胃拡張

糞学的アプローチ

動物学のうちに「糞学」という分野がある。動物の残した糞を見て、動物の種類や、何頭がどのように行動したかをあてたり、その動物の食性について研究するのだ。わたし自身の体験による糞学をすこしばかり紹介しよう。これも科学上の記述としてごしんぼう願いたい。

同じ人間のものでありながら、欧米などで、パンと肉の食事をとっているときに出る糞と、日本でお目にかかるものとは、たいへん異なっている。パンと肉の食事をつづけていると、日本で生活していたときとくらべて、糞の量はたいへん少なくなり、よりかたく、色は黒ずみ、においもきつくなる。こんな体験を酒を飲みながら気のおけない仲間に話したところ、わたしだけではなく、ヨーロッパやアメリカでの生活を送った者は、まったく同じ現象を体験していることがわかった。

色が黒くなるのは、欧米型の食事では脂肪が多く、脂肪を分解するために胆汁の分泌が多くなるためであろうとか、においは肉のアミノ酸の分解に関係があるだろうとか、さまざまなうんちくをかたむけたが、いずれも素人考えなので、あまり信用はおけない。東南アジアではどうだ、アフリカではどうだったといったぐあいに、話は写実的に微細をきわめたが、それをそのままおつたえするわけにはいかないようだ。

それはさておき、ここで問題にしたいのは、量とかたさのちがいである。日本型の食事では量が多くやわらかいのにたいして、欧米型の食事では排泄物の量が少なくかたくなる、というのはいったいどうしてであろう。

その原因は、食物の種類と食べる量、それらの食物の消化吸収の問題に帰することとなる。むだなく消化吸収されれば、量は少なくかたい糞になるはずである。

となると、犯人は当然、米である、という結論に落ち着くことになる。では、なぜ日本型の米食をすると、糞の量が多くなるのか。それは米に含まれる必須アミノ酸の問題に立ち入ることによって説明がつく。

人間のからだの細胞をつくりあげているのは蛋白質である。蛋白質は二十余種のアミノ酸からなっている。からだの蛋白質は、アミノ酸を腸から吸収して、あらたに体内で組み立てられたものである。糖分や脂肪とちがって、余分のアミノ酸は体内に長く蓄積されないので、蛋白質は食いだめがきかない。毎日の食事でせっせと蛋白質をとることによって、からだは維持され、成長する。

二十余種のアミノ酸のなかでも、必須アミノ酸とよばれる十種のアミノ酸があり、そのうちの八種は人体を維持するうえでたいへん重要な役割りをはたしている。この八種の必須アミノ酸は、人体内で合成することができない。必須アミノ酸を含む食物を食べるほか補給のしようがないのである。

食物に含まれる必須アミノ酸の量によって、からだに必要な蛋白質の再生産量がきめられる。牛肉やミルクの蛋白質なら一〇〇グラム食べたら、からだのなかの蛋白質は理論的には一〇〇グラムふやすことが可能である。米に含まれる蛋白質は、一〇〇グラム食べて人体中の蛋白質としては八八グラムを補給したことになる。ところが、リジンとよばれる必須アミノ酸の量が少ないパンの蛋白質では、一〇〇グラムのうちの三五グラムしか人体に有効に使われない。

パンに含まれる蛋白質だけで人体に必要な蛋白質を補おうとするなら、おとなひとりが一日に三キロのパンを食べなくてはならないことになる。これでは、どんなに胃袋の大きな人でもつめこめない。そこで、どうしても肉やミルクから蛋白質を摂取せざるをえないこととなる。まさしく、「人はパンのみにて生くるものにあらず」ということになり、パン食型の食事では、バター、チーズ、ミルク、ハム、ソーセージ、肉などの高蛋白食品が、かならずいっしょに供されることとなる。

ところが、米はパンにくらべたら必須アミノ酸のバランスがすぐれ、植物性蛋白質面からすると最高の栄養価値をもった食品である。体重六〇キロの人ならば、一日に約七合の米飯を食べれば、なにも副食物をとらなくても蛋白質の不足なしに過ごせる。飯のほかに少量のおかずで蛋白質をいくぶん取るとしたら、一日五合の飯でカロリー、蛋白質をとることは可能である。武士のサラリーの単位となる一人扶持とは、一日五合の米を支給し、それを朝夕二回二合五勺ずつ食べることに根拠をもっている。極端なことをいえば、米飯ばかり食べて生きることが可能なのだ。米の飯さえあれば、あとは味噌汁と漬けものがあればよい、というのが庶民の日常の食事であった。そこで、日本料理のおかずというと、腹にたまるどっしりした一品というよりも、食欲増進用の酒の肴のようなものをちょびちょびならべる伝統にもつながる。日本料理の一式を出された外人が、「なんだ！　全部の料理がオードブルではないか」といったとか。

米はなんといっても「主食」である。主食と副食という対立が日本的な概念であることは、その道の大家である篠田統博士がつとに力説するところである。欧米型の食事では、パンは主食ではない（篠田統『米の文化史』社会思想社、一九七〇年、「主食と文化形態」『世界の食事文化』ドメス出版、一九七三年)。

このように、米が優秀な食品であることに引きずられて、米さえ十分食べられればよいという食事観念が固定化してしまった。米飯の大食いをすれば、蛋白質を補えるであろうが、ヴィタミン不足による脚気が、つい近頃まで日本人の国民病となっていた。また、米の飯を大食することによって胃拡張となる。その結果、胃弱をうったえる人が多いのも日本人の特徴であった。現在でも、日本人ほど胃腸薬を愛用する国民はないだろう。

さて、蛋白質を摂取するために米を大量に食べても、蛋白質のほかのデンプン質でいえば、カロリーとして必要以外のものは余分なわけだから、徹底的に消化吸収する必要がなく、脂肪として蓄積して腹をつき出すことになるか、それは腸を素通りすることになる。そこで糞の量が多くやわらかくなる、というわけだ。現在日本人は米を食べなくなったといわれるが、動物性蛋白質の摂取量が多くなったうえに、さらにご飯のおかわりをしたりする。

胃拡張型の食事圏

獣肉を食べず、乳を飲まなかったという日本人の食生活の型では、主食の米に対する依存度が高かったのも無理はなさそうだ。世界的にいえば、牧畜に食生活がどれだけ依存しているか、ということによって胃拡張型の食生活になるかどうかが判断されよう。

乳しぼりをする牧畜民にあっては、ミルクと肉という高蛋白食品のおかげでデンプンの多量摂取をしなくともよい。乳しぼりの伝統はなかったが、中国ではブタ、ニワトリなどの肉料理が発達していた。牧畜が発達せず、乳しぼりの伝統をもたなくて、米を主食とする地域は東南アジアである。東南アジアの料理といったらブタ肉やニワトリ、魚などのカレー料理を思い出すが、それは都市の食堂での話である。農民の家庭では、米の飯にほんのわずかな野菜の煮つけを添えたくらいが常食である。そこで、全体としてみれば東南アジアの食生活は蛋白質を米からとる日本と同じ型になる。

世界にはもうひとつ胃拡張型の食事文化がある。それはタロイモ、ヤムイモを常食とする太平洋地域である。これらのイモ類を常食する地帯には、乳しぼり用の家畜はいなかったし、野獣もほとんどいない。太平洋諸島での伝統的な食用家畜といえばブタ、ニワトリ、イヌを小規模に飼育するだけであった。魚貝類が動物性蛋白質の主要な摂取源となっている。だが、大きな島で海辺から遠いところに住んでいる人々は、ほんとうに蛋白質不足でなやんでいる。太平洋の島々に現金経済が侵入すると、店にまずならべられ、人々に求められるのがコンビーフの缶詰であることが、このことを証明する。

米にくらべて、イモ類はハンディキャップを負っている。イモ類には蛋白質がたいへん少ない。おまけにカロリーも穀物の四〜五分の一しかない。日本人の米と同じように太平洋諸島の住民たちにとってイモ類は「主食」であった。そこでからだに必要なカロリーをとるだけでも、重量にして米の四〜五倍のイモ類を食べなくてはならない。可愛い顔をした娘さんが、昼食に自分の顔と同じくらい大きなタロイモをたいらげたりする。その結果、胃拡張に原因する胃病が多いと、ポリネシアのトンガ王国の国立病院につとめる医師から聞いた。

料理屋の出現

中国で生まれた世界最初の飯屋

東南アジアでは華僑が商業網をおさえているので、町には漢字の看板がはんらんしている。ローマ字を一字ずつ読んでめざす店を探さなくても、漢字だったらちらっと見ただけで、なにを売っている店かわかるので、自動車で道を通りすぎながら店探しをするには、まことに便利だ。

だが、おなじ漢字だからといって、文字の意味だけで判断して、あてずっぽうに店にとびこんだら、別の商売であることがわかって引っこみがつかなくなったりするので御用心。マレーシアやシンガポールの町でみかける飲食に関係する店の看板を例にあげてみよう。

酒店とか飯店と書いてあっても、それはバーとか食堂を意味するのではない。酒店も飯店もホテルのことである。もっとも、大きな酒店や飯店だったら、なかにバーやレストランがあるので、あたらずといえども遠からず、ということにはなる。

ややこしいことであるが、酒店ではなく酒屋と書いてあったらレストランのことである。ほかに、レストランをあらわすことばには、餐屋、餐庁、それからちょっと気取って菜館ということばがある。

本格的に食事をするのではなく、腹の虫を一時おさえようとするのだったら、茶室とか氷茶室という看板のところへ入ったらよい。茶室とは、茶、コーヒー、ミルク、ジュース、コーラ類を飲ませる喫茶店にあたる。氷茶室と書いてあれば、冷たい飲み物や、アイスクリームの類がかならず置いてある。たいていの茶室や氷茶室では、焼きソバ、雲呑《わんたん》麵、肉饅頭などの軽い食べ物も売っている。スナックの役目もはたしているのである。もっとも、場所によってはこれらの店が本来の目的以外の機能をもつこともある。バンコクの街で冷気茶室という看板の店を冷房つきの喫茶店であろうと判断して奥さんといっしょに入ったところ、あやしげな女性が歓迎してくれたので面くらった友人の経験談を聞いた。日本でいえば個室喫茶にあたる店だったのだ。

このような町の飲食店の分布密度は著しく高い。世界のなかで、日本は飲食店がかなり多い国であるが、中国人が多く住んでいる場所はさらに飲食店が発達している。

なにしろ、中国は世界でいちばん早く、飲食店が発達した国である。前漢の中頃からすでに都市には飲食店がひしめいていたし、北方民族との交渉がさかんになるにつれ、現在の万里の長城がある辺境地帯にすら飯屋があったという。日本でいえば弥生時代で、われわれの祖先がようやく米の味を覚えた頃のことである。

昔のインドや、アラビアに料理屋があったかどうか、調べかけたが、どうもよくわからない。『千夜一夜物語』などでも、バザールでは、菓子やパン類を売る店、コーヒー屋があるし、焼肉といっしょにパンを皿に盛って食べさせる店などがでてくる。どうやらスナックはあったらしいが、料亭というほどのものはなかったようだ。御馳走をするときには、バザールからさまざまな食べ物を買ってきて、客を家に招くのがふつうだ。

どこの国でも、専門の料理店が出現し、御馳走を外食することができるようになったのは、近世になってからのことである。それまでは、その国の料理の技術の最高の水準が保たれたのは、宮廷や貴族、大金持ちなど、専門の料理人をやといかかえておくことができる身分の者の台所においてであった。たまに金が手に入ったからとびきりぜいたくな食事をしたいと思っても、その願いはかなえられなかった。金さえだせば、一流の料理人の味を楽しむことができるようになるためには、身分秩序の崩壊、職業の自由化、都市におけるブルジョワジーの出現など、社会の近代化が達成されてからのことである。古くから、飲食店が発達した中国でさえも、清朝崩壊以前は、一流の料理は、宮廷や金持ちの家でしか味わえなかったのである。清朝がほろび、おかかえ料理人たちが市中の店に出ることによって、宮廷で発達した北京料理を北京市民が食べられるようになったのだ。

レストランのはじまり

どうしても外食をしなくてはならない破目におちいるのは旅に出たときである。現在でも、アフリカや太平洋諸島の町では、ホテルが町で唯一の食堂となっているところが多い。ホテルのレストラン、料理旅館は、旅行にともなう食事の発達したものである。

昔は、食料や炊事道具持参で旅行をしたのである。中国でいえば、戦国時代に書かれた『荘子』には、「百里に適《ゆ》く者は宿に糧《ゆうべかて》を舂《うすづ》き、千里に適く者は三月糧を聚《あつ》む」とある。漢の時代に官吏が公用で旅行したとき泊まる官立の宿舎では食べ物を供したが、民間人の旅行の場合には、自炊が原則であった。一般の宿屋で食事が出るようになったのは、隋、唐の時代からのもののようだ。

フランスでは十八世紀中頃までレストランとよべるようなものはなかった。外食をするとしたならば、宿屋で食べるのが一つの手段であったが、宿屋では定刻におきまりの献立を食べるほかなく、外食の楽しみからは、ほど遠いものであった。宿屋のほかに、パリなどの都市ではトレトゥールという店があった。これはスナックと仕出し屋をかねたようなもので、肉の煮物料理、ニワトリの煮込みなどを売っていたが、三種類以上の料理を売ってはならないとか、やかましい法令でしばられていた。また、トレトゥールでは一人前だけを切り売りせず、ニワトリならば一羽単位で注文しなければならなかった。

一七六五年にパリでブーランジェという人が、簡単な料理を食べさせる店をひらき、その店のスープをレストランという名で宣伝した。レストランとは「精力回復」という意味である。ブーランジェはトレトゥールの同業者組合のメンバーではなかったために、ブーランジェの店のメニューにある羊の足をホワイト・ソースで煮込んだ料理が、トレトゥールの専売特許であるソースを使った煮込み肉の料理に該当するかどうかで、法廷ざたになるさわぎであった。結局はブーランジェが裁判に勝ち、パリ市民たちはこの新しいシステムの店に食事におしかけるようになった。異説もあるが、これがレストランのはじまりである、といわれる。

自分のふところと相談しながら自由に料理をえらべて、好きな時間に食事ができる料理屋の出現は、貴族にかわって実力をもったブルジョワジーたちに、たちまちに受け入れられ、ヨーロッパ中にひろがることとなる。

身分制の社会をつぶしたフランス大革命の前夜にあたる時期に、特権階級から御馳走を解放したレストランが出現したことは、社会史上の意味をもつことがらであろう。

日本における平行発達

日本での料理屋の発達は中国やヨーロッパの影響をうけていない。しかし、その歴史をふりかえると、いっぽうでは旅人への食事の供給手段の発達したものとして、またいっぽう、都市化に関係する現象としての文明史的意義においては共通するところをもつ。とくにヨーロッパにおける外食の流行とは時期的にほぼ平行する現象として考えることができる。

江戸時代のはじめには、飲食専門の店はなく、煮売屋といって野菜や魚を煮たものを行商したり屋台で売る、仕出し屋、惣菜屋の前身があるだけで、金を出して食事をする場としては、街道の宿場や町の旅籠《はたご》などの宿屋と茶屋しかなかった。

農村においては、一日の生活のリズムは労働時間の配分とともにきちんと定まっており、食事も一定の時間に家でとることができる。ところが、都市とは、それぞれの時間帯に合わせて不規則に動きまわる人々のぶつかりあう場である。食事時間もさまざまである。近世の都市における食事の商業化のひとつは、スナックからはじまる。欧米でいえば、イギリスのフィッシュ・アンド・チップス、アメリカのホットドッグ、ハンバーガーの流行がそれである。

十七世紀の中頃の寛文年間に江戸にソバ屋が出現する。正式の食事を供するところではなく、スナックとしてのソバ屋はその後、大流行して、万延元年(一八六〇年)にソバの値段が高くなったことについて、江戸中のソバ屋が会合をしたとき、三千七百六十三店にのぼったそうだ。これは、行商の夜たかソバ屋をのぞいた数である。

人の集まるところに食堂はできる。ソバ屋の出現にすこしおくれて、浅草寺の門前に茶飯を食わせる店ができ、元禄の頃、京都の東福寺のそばに、飯、おかずの金額を書いた看板をかかげた一膳飯屋ができる。その後、寺社の門前の茶店で飯やおかずを出したり、吉原などの遊里での料理茶屋が発達する。都市における町人の実力が増すにしたがって、料理茶屋では御馳走を供するようになり、ついに、プロの日本料理の技術者たちは、貴族や大名の台所ではなく、料理屋に集まることとなる。

神々との交流

米つぶに宿る神

中年をすぎた人々が、現代っ子にたいして腹をたてることのひとつは、子供たちが平気でご飯を茶碗に残すことである。

戦中戦後の食糧難時代に育ったわたしは、子供の頃、ご飯を残すということはなかった。いつも腹をすかしていたのである。それでも、無器用なわたしは、ご飯をぽろぽろ落とした。すると、父親にしかられては食べこぼしたご飯を茶碗に入れて、あらためて食べなおしをさせられた。そして、水戸黄門が米俵のうえに腰かけたところ、百姓のおばあさんが火吹竹でなぐりつけた、という話を聞かされた。米は百姓のさまざまな努力の結晶であり、あだおろそかにあつかってはならないものである。殿様といえども、米俵に腰をかけるような米を疎略にあつかうことは許されないのだ、という趣旨のお説教であった。

なにしろ、米の足りない時代のことでもあった。子供心に、米は大切なものであるから節約しなくてはならないのだ、そこで、タタミに落ちた米つぶでもひろって食べなくてはならないのだ、と解釈していた。

だが、大人になって民族学をかじりかけてから、米を節約するという経済的理由とは別の解釈が可能であることに気づいた。どうやら、日本人にとっては、米の存在そのものが尊いものであったのだ。米つぶの一つぶずつに、稲の魂が宿っているのだ。そこで、米つぶ一つでも、あだおろそかにしてはならないのである。

日本ばかりではなく、東南アジア一帯に、米一つぶずつに稲魂という稲の霊魂が宿っている、とする信仰が分布する。その稲魂をないがしろにすると、稲魂がおこって逃げてしまい、翌年稲魂が稲に宿らないので不作になる、と考えられたりするのだ。ジャワ島の一部では、稲刈りのときも、稲魂を驚かせないように、特別な稲刈りの道具で、まるで鳥が稲をついばむようにして収穫をするという。また、稲魂に関係したさまざまな祭りが、現在でも東南アジアの各地でおこなわれる。

現在、勤労感謝の日とされている新嘗祭《にいなめさい》は、もともとは新しく収穫した稲の稲魂を祭る儀式であったのだ。

いつの間にか稲魂の存在が忘れられて、経済原理にもとづく節約観念が一つぶの米つぶをも大切にする説明におきかえられるようになったのだが、その昔、日本人は食事のたびに稲の精霊との出会いをしていたのだ。『古事記』『日本書紀』では稲魂をウガノミタマとかミクラタナノカミとよび、稲の精霊は神とされていた。日本人の食事は、神との交流の場でもあった。

神との食事

朝、ご飯を炊いたら、小皿にちょっぴり盛って神棚にお供えする風習はすっかりすたれてしまった。ふつうの家庭では神棚に食物を供えるのは正月の食事くらいになってしまった。日本の神々は腹をすかしているのではないか、と気がかりになる。

祭りのとき、海の幸、山の幸を神前に供える。人々はそのおさがりを料理して食べる。直会《なおらい》という行事である。直会は神と人間が同じ食物を食べることによって、神と人間の交流をはかるものだ。

日本の神々ばかりではない。道教の神々、仏さん、ヒンズー教の神々、東南アジアの土着の神々にも食物の供え物がたくさんささげられる。世界には、食欲旺盛な神々が多い。あるいは、人間が神という超自然的な存在と交流しようとするとき、食物をなかだちとして神との連帯をはかろうとするのは、きわめて自然な行為といえよう。人は見知らぬ者に害意のないことを示そうとするとき、まず食物をさしだす。

多くの文化において、食事は人間だけの行為ではない。神も人間といっしょに食事をするのだ。

イスラム教は神に供え物をささげることのすくない宗教といわれる。イスラム暦の十二月はメッカ巡礼のときである。メッカへ詣でた者は縫い目のない白い木綿の衣をまとい、髪や爪を切ってはならないなど、さまざまな戒律を守らなければならない。メッカ巡礼が終り、巡礼者たちが戒律をとく日、それはイスラム教徒にとっての最大の祭りの日である。世界中のイスラム教徒が自分の富に応じて、ラクダ、ヒツジ、ヤギ、ニワトリなどの家畜を犠牲《いけにえ》にささげ、アラーにお祈りをして食べる日である。

この日、わたしは北アフリカのあるオアシスの町にいた。朝、現地での友人の家に招かれると、まるまると太ったヒツジを解体処理している最中であった。口のなかでアラーにたいする呪文をとなえながら、ナイフで頸動脈をたち切り、後脚をロープでしばって柱からぶらさげて、皮はぎをする。オアシスのどの家でもこの光景が展開された。だが、昼すぎになると、あちこちで生つばをのみこむような焼肉のにおいがただよいはじめ、親類同士のあいだで肉を贈答するため、お盆を持って往来する人々で町はにぎわった。わたしもアラーのおめぐみに感謝しながらヒツジの焼肉をほおばった。

人は満腹、神は空腹

クリスマスには地方色ゆたかなケーキが焼かれ、復活祭にはタマゴを食べるなど、キリスト教徒のあいだでも、宗教行事に関連した食事慣行がみられる。

カトリックのミサのとき、司祭は聖杯のブドウ酒に浸したパンを信者の口に入れる。ブドウ酒はキリストの血、パンはキリストの肉を象徴する。といわれると不信心なわたしには、まるで人食いのお祭りみたいにも思えるのだが、中世には信徒が教会に、神へささげる食物の供え物を持ってくる慣習もあったという。

キリスト教でも、プロテスタントになると、神に食物を供え物としてささげることはなくなり、教会での儀式も食物と関係をもたなくなる。もはや、神と人間を食物を媒介にして結ぶきずなはみられない。神は、人間ばなれしたより抽象的な存在となり、人間が神と交流する方法はことばを用いた「祈り」という手段しかないことになる。

一神教の神が神学的により高次の存在となるにつれて、神は人間からはるかにかけはなれた抽象的な性格を強め、飲食をしなくなる。それは神の哲学的進化ではあろうが、お供え物も受け取ってくれない神は、わたしたち多神教の伝統をもつ民族にとってはつきあいづらい、気むずかしい存在である。人間を不安にさせる神である。日本の神々はお供え物をたくさんさしあげたら、その見返りとしての現世利益をさずけてくれる、たいへん人間くさい神々であり、人間と取り引きの可能な存在であった。

だが、日本の神々や仏も、この頃は食糧難にあえぐこととなった。供え物をささげてくれる機会がすくなくなりつつあるのだ。

ひと昔まえ、農村の日常の食生活はたいへん単調で粗末なものであった。その単調さを破り、ふだんは口にしないさまざまな御馳走をつくり、食事を楽しむのは祭りのとき、すなわち人間と神が共食する日にかぎられていた。酒もまた同じである。酒をかもすのは祭りのときであり、酒は神といっしょに飲むものであった。お神酒あがらぬ神はなしで、神事と酒はつきものであったのだ。近世、都市の発達とともに、酒屋から買ってきて、祭りと関係なく一杯やるようになった。それでも、酒は一人で飲むものではなく、集まって飲むものという直会の伝統もつづいていた。が、そのうち独酌の風習があらわれ、神と酒はまったく切りはなされてしまった。

近年の日本人の日常の食卓のゆたかさは、昔の祭りの日の御馳走に匹敵する。してみると、わたしたちは毎夕、神のいない祭りを楽しんでいるのだろうか。

同時代ライブラリー版へのあとがき

台所用品や調味料を題材としたエッセイを、味の素株式会社広報部が刊行する雑誌『マイファミリー』に連載した(五号—三〇号、一九七一—七五年)。この連載記事に手をいれ、＊印でしめした文章を追加して単行本にまとめたものが、『食卓の文化誌』として、一九七六年に文藝春秋から出版された。

その後の新資料にもとづいての本文の訂正をおこない、必要におうじて追記を付したのが、この同時代ライブラリー版である。

文化として食を論じることが、学界や論壇での市民権を得るようになったのは、最近のことである。『マイファミリー』への執筆当時は、人文科学で食に関する分野としては、食物史の研究が、ほそぼそとなされていたにすぎなかった。そのような状況のなかで、食に関する比較文化論的な習作を試みたのが、本書に収録されているエッセイである。ここに思いつきや、見とおしを簡単に記しておいて、のちに本格的な論考としてまとめあげた事柄もいくつかある。

いまになって読みかえしてみると、未熟な点もめだつのだが、三十代の頃の仕事の記念として、文章に手を入れるのは最少限にとどめておいた。

一九九二年十月

石毛直道

本書は一九七六年九月、文藝春秋社より刊行された『食卓の文化誌』に加筆して、一九九三年一月岩波書店より岩波同時代ライブラリーとして刊行された。

食卓の文化誌

2004年11月16日　第1刷発行
2017年1月25日　第2刷発行

著　者　石毛直道《いしげなおみち》

発行者　岡本　厚

発行所　株式会社　岩波書店
〒101-8002　東京都千代田区一ツ橋2-5-5
案内03-5210-4000　営業部03-5210-4111
現代文庫編集部03-5210-4136
http://www.iwanami.co.jp/

印刷・精興社　製本・中永製本

ISBN 4-00-603100-9　　Printed in Japan

岩波現代文庫の発足に際して

新しい世紀が目前に迫っている。しかし二〇世紀は、戦争、貧困、差別と抑圧、民族間の憎悪等に対して本質的な解決策を見いだすことができなかったばかりか、文明の名による自然破壊は人類の存続を脅かすまでに拡大した。一方、第二次大戦後より半世紀余の間、ひたすら追い求めてきた物質的豊かさが必ずしも真の幸福に直結せず、むしろ社会のありかたを歪め、人間精神の荒廃をもたらすという逆説を、われわれは人類史上はじめて痛切に体験した。

それゆえ先人たちが第二次世界大戦後の諸問題といかに取り組み、思考し、解決を模索したかの軌跡を読みとくことは、今日の緊急の課題であるにとどまらず、将来にわたって必須の知的営為となるはずである。幸いわれわれの前には、この時代の様ざまな葛藤から生まれた、人文、社会、自然諸科学をはじめ、文学作品、ヒューマン・ドキュメントにいたる広範な分野のすぐれた成果の蓄積が存在する。

岩波現代文庫は、これらの学問的、文芸的な達成を、日本人の思索に切実な影響を与えた諸外国の著作とともに、厳選して収録し、次代に手渡していこうという目的をもって発刊される。いまや、次々に生起する大小の悲喜劇に対してわれわれは傍観者であることは許されない。一人ひとりが生活と思想を再構築すべき時である。

岩波現代文庫は、戦後日本人の知的自叙伝ともいうべき書物群であり、現状に甘んずることなく困難な事態に正対して、持続的に思考し、未来を拓こうとする同時代人の糧となるであろう。

（二〇〇〇年一月）

S265
日本の農山村をどう再生するか
保母武彦

過疎地域が蘇えるために有効なプログラムが求められている。本書は北海道下川町、島根県海士町など全国の先進的な最新事例を紹介し、具体的な知恵を伝授する。

S266
古武術に学ぶ身体操法
甲野善紀

桑田投手が復活した要因とは何か。「ためない、ひねらない、うねらない」、著者が提唱する身体操法は、誰もが驚く効果を発揮して各界の注目を集める。〈解説〉森田真生

S267
都立朝鮮人学校の日本人教師
―一九五〇―一九五五―
梶井陟

朝鮮人の子どもたちにも日本人の子どもたちと同じように学ぶ権利がある! 冷戦下、廃校への圧力に抗して闘った貴重な記録。〈解説〉田中宏

S268
医学するこころ
―オスラー博士の生涯―
日野原重明

近代アメリカ医学の開拓者であり、患者の心を大切にした医師、ウィリアム・オスラー。その医の精神と人生観を範とした若き医学徒だった筆者の手になる伝記が復活。

S269
喪の途上にて
―大事故遺族の悲哀の研究―
野田正彰

かけがえのない人の突然の死を、遺された人はどう受け容れるのか。日航ジャンボ機墜落事故などの遺族の喪の過程をたどり、悲しみの意味を問う。

S270
時代を読む
――「民族」「人権」再考――
加藤周一
樋口陽一

「解釈改憲」の動きと日本の人権と民主主義の状況について、二人の碩学が西欧、アジアをふまえた複眼思考で語り合う白熱の対論。

S271
「日本国憲法」を読み直す
井上ひさし
樋口陽一

日本国憲法は押し付けられたもので時代にそぐわないから改正すべきか？　同年生まれで敗戦の少国民体験を共有する作家と憲法学者が熱く語り合う。

S272
関東大震災と中国人
――王希天事件を追跡する――
田原洋

関東大震災の時、虐殺された日本在住中国人のリーダーで、周恩来の親友だった王希天の死の真相に迫る。政府ぐるみの隠蔽工作を明らかにするドキュメンタリー。改訂版。

S273
NHKと政治権力
――番組改変事件当事者の証言――
永田浩三

NHK最高幹部への政治的圧力で慰安婦問題を扱った番組はどう改変されたか。プロデューサーによる渾身の証言はNHKの現在をも問う。各種資料を収録した決定版。

S274-275
丸山眞男座談セレクション(上・下)
丸山眞男
平石直昭編

人と語り合うことをこよなく愛した丸山眞男氏。知性と感性の響き合うこれら闊達な座談の中から十七篇を精選。類いまれな同時代史が立ち上がる。

S276
ひとり起つ
―私の会った反骨の人―
鎌田　慧

組織や権力にこびずに自らの道を疾走し続けた著名人二二人の挑戦。灰谷健次郎、家永三郎、戸村一作、高木仁三郎、斎藤茂男他、今も傑出した存在感を放つ人々との対話。

S277
民意のつくられかた
斎藤貴男

原発への支持や、道路建設、五輪招致など、国策・政策の遂行にむけ、いかに世論が誘導・操作されるかを浮彫りにした衝撃のルポ。

S278
インドネシア・スンダ世界に暮らす
村井吉敬

激変していく直前の西ジャワ地方に生きる市井の人々の息遣いが濃厚に伝わる希有な現地調査と観察記録。一九七八年の初々しい著者デビュー作。〈解説〉後藤乾一

S279
老いの空白
鷲田清一

〈老い〉はほんとうに「問題」なのか？　身近な問題を哲学的に論じてきた第一線の哲学者が、超高齢化という現代社会の難問に挑む。

S280
チェンジング・ブルー
―気候変動の謎に迫る―
大河内直彦

地球の気候はこれからどう変わるのか。謎の解明にいどむ科学者たちのドラマをスリリングに描く。講談社科学出版賞受賞作。〈解説〉成毛　眞

S281
ゆびさきの宇宙
福島智・盲ろうを生きて
生井久美子

盲ろう者として幾多のバリアを突破してきた東大教授・福島智の生き方に魅せられたジャーナリストが密着、その軌跡と思想を語る。

S282
釜ケ崎と福音
―神は貧しく小さくされた者と共に―
本田哲郎

神の選びは社会的に貧しく小さくされた者の中にこそある！　釜ケ崎の労働者たちと共に二十年を過ごした神父の、実体験に基づく独自の聖書解釈。

S283
考古学で現代を見る
田中琢

新発掘で本当は何が「わかった」といえるか？　考古学とナショナリズムとの危うい関係とは？　発掘の楽しさと現代とのかかわりを語るエッセイ集。〈解説〉広瀬和雄

S284
家事の政治学
柏木博

急速に規格化・商品化が進む近代社会の軌跡と重なる「家事労働からの解放」の夢。家庭という空間と国家、性差、貧富などとの関わりを浮き彫りにする社会論。

S285
河合隼雄の読書人生
―深層意識への道―
河合隼雄

臨床心理学のパイオニアの人生に影響をおよぼした本とは？　読書を通して著者が自らの人生を振り返る、自伝でもある読書ガイド。〈解説〉河合俊雄

2016. 12

S286
平和は「退屈」ですか
―元ひめゆり学徒と若者たちの五〇〇日―
下嶋哲朗

沖縄戦の体験を、高校生と大学生が語り継ぐプロジェクトの試行錯誤の日々を描く。社会人となった若者たちに改めて取材した新稿を付す。

S287
野口体操入門
―からだからのメッセージ―
羽鳥操

「人間のからだの主体は脳でなく、体液である」という身体哲学をもとに生まれた野口体操。その理論と実践方法を多数の写真で解説。

S288
日本海軍はなぜ過ったか
―海軍反省会四〇〇時間の証言より―
澤地久枝
半藤一利
戸髙一成

勝算もなく、戦争へ突き進んでいったのはなぜか。「勢いに流されて――」。いま明かされる海軍トップエリートたちの生の声。肉声の証言がもたらした衝撃をめぐる白熱の議論。

S289-290
アジア・太平洋戦争史(上・下)
―同時代人はどう見ていたか―
山中恒

いったい何が自分を軍国少年に育て上げたのか。三〇年来の疑問を抱いて、戦時下の出版物を渉猟し書き下ろした、あの戦争の通史。

S291
戦下のレシピ
―太平洋戦争下の食を知る―
斎藤美奈子

十五年戦争下の婦人雑誌に掲載された料理記事を通して、銃後の暮らしや戦争について知るための「読めて使える」ガイドブック。文庫版では占領期の食糧事情について付記した。

S292
食べかた上手だった日本人
―よみがえる昭和モダン時代の知恵―
魚柄仁之助

八〇年前の日本にあった、モダン食生活のユートピア。食料クライシスを生き抜くための知恵と技術を、大量の資料を駆使して復元！

S293
新版 報復ではなく和解を
―ヒロシマから世界へ―
秋葉忠利

長年、被爆者のメッセージを伝え、平和活動を続けてきた秋葉忠利氏の講演録。好評を博した旧版に三・一一以後の講演三本を加えた。

S294
新島襄
和田洋一

キリスト教を深く理解することで、日本の近代思想に大きな影響を与えた宗教家・教育家、新島襄の生涯と思想を理解するための最良の評伝。〈解説〉佐藤　優

S295
戦争は女の顔をしていない
スヴェトラーナ・アレクシエーヴィチ
三浦みどり訳

ソ連では第二次世界大戦で百万人をこえる女性が従軍した。その五百人以上にインタビューした、ノーベル文学賞作家のデビュー作にして主著。〈解説〉澤地久枝

S296
ボタン穴から見た戦争
―白ロシアの子供たちの証言―
スヴェトラーナ・アレクシエーヴィチ
三浦みどり訳

一九四一年にソ連白ロシアで十五歳以下の子供だった人たちに、約四十年後、戦争の記憶がどう刻まれているかをインタビューした戦争証言集。〈解説〉沼野充義

2016. 12

S297
フードバンクという挑戦
―貧困と飽食のあいだで―
大原悦子
食べられるのに捨てられてゆく大量の食品。一方に、空腹に苦しむ人びと。両者をつなぐフードバンクの活動の、これまでとこれからを見つめる。

S298
いのちの旅
「水俣学」への軌跡
原田正純
水俣病公式確認から六〇年。人類の負の遺産「水俣」を将来に活かすべく水俣学を提唱した著者が、様々な出会いの中に見出した希望の原点とは。〈解説〉花田昌宣

S299
紙の建築 行動する
―建築家は社会のために何ができるか―
坂茂
地震や水害が起きるたび、世界中の被災者のもとへ駆けつける建築家が、命を守る建築の誕生とその人道的な実践を語る。カラー写真多数。

S300
犬、そして猫が生きる力をくれた
―介助犬と人びとの新しい物語―
大塚敦子
保護された犬を受刑者が介助犬に育てるという米国での画期的な試みが始まって三〇年。保護猫が刑務所で受刑者と暮らし始めたこと、元受刑者のその後も活写する。

S301
沖縄 若夏の記憶
大石芳野
戦争や基地の悲劇を背負いながらも、豊かな風土に寄り添い独自の文化を育んできた沖縄。その魅力を撮りつづけてきた著者の、珠玉のフォトエッセイ。カラー写真多数。

2016. 12

岩波現代文庫[社会]

S302
機会不平等
斎藤貴男

機会すら平等に与えられない〝新たな階級社会の現出〟を粘り強い取材で明らかにした衝撃の著作。最新事情をめぐる新章と、森永卓郎氏との対談を増補。

2016. 12